Impressum:

© 2012　　Peter Fleczoreck
　　　　　　Berlin-Lichtenrade

Verlag:　　**tredition** GmbH
　　　　　　Mittelweg 177
　　　　　　20148 Hamburg
　　　　　　Printed in Germany

　　　　　　ISBN: 978-3-8491-1638-5

Peter Fleczoreck...

Meine Haarzell-Leukämie

Die Milz wächst mit ihren Aufgaben

... geboren 1945 in Meitzendorf bei Magdeburg.

1946 im Kinderwagen, auf einer Nähmaschine nebst Zubehör liegend, über die 'grüne Grenze' mit der Mutter Richtung Hannover gelangt, wohin der Vater aus englischer Kriegsgefangenschaft entlassen wurde.

Aufgewachsen in einem Dorf bei Hannover mit zwei jüngeren Geschwistern. Beeindruckt durch Großbauerntum und Kirchenmusik im Jahreslauf.

Des Weiteren fasziniert von Möbel-Tischlerei, Freiwilliger Feuerwehr und dem Fußballverein.

Besuch der vierjährigen Einraum-Zwergschule.

Besuch des fünf Kilometer entfernten Gymnasiums bis zum Abitur 1965 ausschließlich mit dem Fahrrad, da es keine Busanbindung gab.

Nach dem Bundeswehrdienst im Herbst 1967 hinter dem 'Eisernen Vorhang' nach Westberlin verschwunden zum Lehramtsstudium. Nach bestandenen Staatsexamina Lehrer für Musik, Geographie, ITG an einem Lichtenrader Gymnasium bis zum November 2007.

Verheiratet seit 1970.
Vater von fünf Kindern (1972-1981)

Seit 2008 als Lektor und Vorleser tätig

Dies ist weder das Tagebuch
eines an Leukämie Erkrankten,
noch will es ein Sachbuch sein.

Es mag gelesen werden als Bericht
eines Betroffenen von seinem Weg
durch den Heilungsprozess.

Meiner Familie
im Juli 2012

Vor einer in mattem Weiß gehaltenen und mit einem betont funktional wirkenden, halbhohen Regal ausgestatteten Seitenwand des Raumes Nr.3 steht ein eindrucksvoll bestückter Großraumschreibtisch aus einem Glas-Metall-Mix, der zugleich den ergonomischen Arbeitsstuhl des Dr. S. voll zur Geltung bringt.

Immer wieder beeindruckt mich die Reklameschildersammlung von Bierwerbungen aus aller Welt. Sie ist umlaufend an allen vier Wänden in Überkopfhöhe angebracht und überrascht mich aufs Neue mit teilweise recht ausgefallenen Motiven und Farben. – Mein jährlicher Vorsorgecheck steht an.

Den Termin habe ich online für 19.30 Uhr ausgesucht und warte nun möglichst unaufgeregt.

Nach freundlicher Begrüßung geht es zur Blutabnahme für die Bestimmung des **P**rostata **S**pezifischen **A**ntigen-Spiegels. Der PSA-Wert liefert Hinweise für eine mögliche Erkrankung. –

Laborzeit etwa eine Woche.

Dann geht es zur Liege und die Routine der Tast- und Ultraschalltechnik nimmt ihren Lauf mit dem aus den zwei Vorjahren bekannten Ergebnis einer weiterhin bestehenden Vergrößerung.

Zum guten Schluß folgt noch der Ultraschall-Blick auf den Abdomen, Nieren, Leber, etc. checken.

»Nanu? Sind Ihre Organe seitenverkehrt angelegt? Nein? Dann ist ihre Milz recht groß geraten! Das sollten Sie abklären lassen. Ich gebe ihnen eine Adresse mit.«

Eine 'zu große' Milz? — Nun gut: siehe Prostata...

Ein vergrößertes Herz- und Lungenvolumen aus sportlicheren Jugendtagen des täglichen Radfahrens auf dem Schulweg und wöchentlichen Langlauftrainings bis zum Studium in Berlin sind mir bekannt. Dies allerdings erst nach Untersuchungen während einer zweijährigen leichten Herzinsuffizienz mit teilweise angstvoll quälenden Beklemmungsgefühlen. Das alles wegen totaler Sportignoranz.

Die Milz aber ist mir, wie wohl den meisten meiner Zeitgenossen, bisher nur von OTTO nähergebracht worden: »Milz an Großhirn, Milz an Großhirn ...«

Ich bringe in Erfahrung, dass die Milz ein handtellergroßes Organ ist, das sich, dem Magen anliegend im linken Oberbauch befindet, geschützt vom unteren Rippenbogen. Als Teil des Lymphsystems baut sie überalterte Blutkörperchen ab und bildet Lymphozythen.

Diese Aufgaben erfüllen auch andere Organe, sodass, im Falle eines krankhaften Versagens der Milz, ihre operative Entfernung in der Regel keine negativen Auswirkungen auf den Gesamtorganismus hat.

Eine erste ernsthafte Nervosität überkommt mich, als ich lese, dass es bei verschiedenen Erkrankungen (Leberzirrhose, Leukämien, Anämien, Lymphgranulomatose, Milztumoren) zur Milzschwellung kommen kann, der so genannten Splenomegalie.

Dies also soll ich abklären lassen?

Auf Empfehlung des Urologen und nach telefonischer Terminabsprache suche ich am 12.12.2011 das MVZ für Hämatologie/Onkologie in Tempelhof auf.

Beim Lesen des Institutsschildes wird mir vorübergehend flau im Magen. Nach der Anmeldung an der Rezeption und einiger unruhiger Wartezeit im Laborbereich erfolgen Blutabnahme und Blutbild in zügigem Ablauf.

Die Druck-Tast-Untersuchung des Abdomen im Beratungsgespräch mit Frau Dr. bestätigt die Vergrößerung.

```
Date              12/12/2011
Time                   11:08
Mode    WB

WBC       -    2.5×10³/μL
RBC            5.50×10⁶/μL
HGB           14.6g/dL
HCT           45.5%
MCV       -   82.7fL
MCH           26.5pg
MCHC          32.1g/dL
PLT       -   105×10³/μL

                        WBC

       100    200    300  [fL]

LYM%          29.1%
MXD%           3.8%
NEUT%         67.1%
LYM#      -    0.7×10³/μL
MXD#      -    0.1×10³/μL
NEUT#     -    1.7×10³/μL
```

Das Blutbild ergibt recht niedrige HB-, Leuko- und Thrombozytenwerte, die aber noch keine eindeutige Diagnose ermöglichen. – Zumindest also nichts »akutes«.

Ich bin vorerst erleichtert aber eine gewisse Verunsicherung bleibt.

Eine Sonographie zur Vermessung der Milz und Feststellung der Beschaffenheit der anliegenden Organe soll Klärung bringen.

Termin ist der 29. Dezember 2011.

Im Diagnostikum Berlin-Bergmannstraße, einem recht modern wirkenden Funktionalbau mit großzügigem Fahrstuhl und hellen Gängen, erfolgt im Prinzip die gleiche Untersuchung wie beim Urologen. Die Messgenauigkeit ist durch die Verwendung modernster Geräte aber höher.

Das genaue Ergebnis wird mir zunächst nicht mitgeteilt, lediglich die Vergrößerung bestätigt: 19 cm !

Also wäre das geklärt ! » *Anhang S.69*
Ich bin nicht besorgt.
Ich fühle mich wohl, habe keinerlei Beschwerden.

Eine Unruhe bleibt aber, weil ich Gefühl und Verstand nicht in Übereinstimmung bringen kann.

Die Weihnachtstage mit der Familie sind prima.

Der Jahreswechsel kommt und wird in ruhiger Weise, wie in den letzten Jahren auch, in nachbarschaftlichem Rahmen und bei gutem Gesundheitsgefühl, mit selbstgefüllten 'Berlinern' bei würzigem Kartoffelsalat und Würstchen vollzogen.
Auch der Sprung vom Hocker in das Neue Jahr gelingt verletzungsfrei. – Ein Ritual im Gedenken an meine Mutter Gerda, die vor zwei Jahrzehnten an Lungenkrebs verstarb.

Es ist der 9. Januar 2012. Das Ergebnis der obligatorischen Blutabnahme in Form der ausgedruckten Werte halte ich um 08:18 Uhr in meinen Händen.

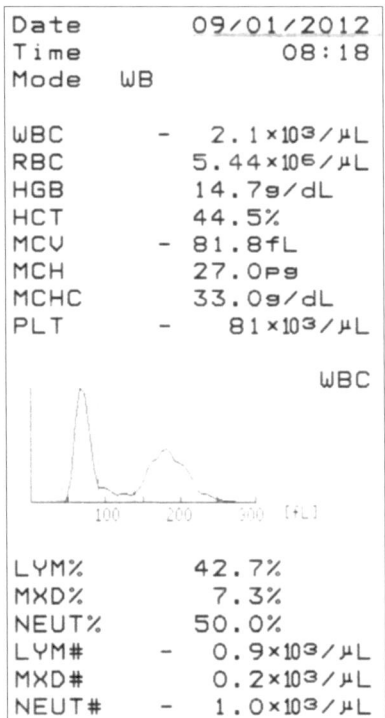

Leukos und Thrombos sind weiter gesunken. Die Erythrozytenwerte sind normal.

Anschließend nehme ich Platz im freundlich ausgestatteten Wartebereich, der zu einem Drittel besetzt ist.

Was mache ich hier zwischen all den doch recht blass oder nervös wirkenden Menschen?

Auch wenn die Anzahl der Senioren überwiegt:

Ich fühle mich deplatziert, zumal bei mir keine Erkrankungsgefühle aufkommen wollen.

Also nehme ich diese Situation als notwendigen Teil der Abklärungsphase ruhig an.

Natürlich will ich vor allem wissen, welches die Ursache der für mich immer noch nicht spürbaren Vergrößerung meiner Milz ist.

Frau Dr. erläutert mir die Werte und setzt sie in Bezug zu den Befunden, die ich ihr vom 29. Oktober 2010 aus der Charité/Campus Benjamin Franklin vorgelegt habe. Diese ergaben sich im Rahmen der Adipositas-Studie, an der meine Frau und ich 18 Monate teilnahmen und in deren Verlauf wir jeweils 15 kg abgenommen haben.

»Die Tendenz kontinuierlich sinkender Werte erklärt nur zum Teil die momentan beinahe doppelt so große Milz und macht daher weitere Untersuchungen notwendig.«

Geht es meiner Milz nun 'an den Kragen'?
Ich spüre von diesem wachsenden 'Lymphknoten' nichts, auch nicht bei stärkster Krümmung.
Ertasten kann ich die Milz auch nicht, also soll sie ruhig auf Hochtouren ihr Arbeit tun.

Ich bin in keiner Weise beunruhigt.

Habe ich nicht zugehört?

Oder will ich nicht begreifen?

Mein Gefühl kann mit dem nicht fühlbaren Zustand meiner Milz nichts anfangen, sie stört mich einfach nicht! – Ganz im Gegensatz zu meiner Prostata, deren Vergrößerung zu wiederholten Problemen bei der Entleerung der Blase führt bis hin zu schmerzlichen Verzögerungen, besonders, wenn es 'pressiert'.

Die tägliche Einnahme von »Tamsunar« scheint lediglich das Wachstum zu verlangsamen. Eine Besserung ist wohl auf diese Weise nicht zu erwarten.

Darauf habe ich mich eingestellt.

Oder habe ich mich damit abgefunden?

Frau Dr. hält bei der unklaren Thrombo- und Leukopenie eine Knochenmarkspunktion als nächsten Anamneseschritt für sinnvoll, um Klarheit zu gewinnen. - Erschrecke ich bei dem Gedanken? Nein!

Warum nicht? - Die Neugier auf die Funktionsweisen meines Körpers ist wieder einmal geweckt. Sie überdeckt jegliche Angstvorstellung, da es mir wirklich gut geht. Ich fühle mich wohl und sehe den Vorgang wohl eher akademisch, da ich mögliche Tragweiten noch nicht ermessen kann.

Eine Gewebeentnahme kann mich nicht schrecken. Während der Studie haben wir schon mehrere unterschiedliche Punktionen erlebt. Immer mit dem gleichen Eindruck: Der örtliche Betäubungsvorgang ist am belastendsten!

Mein Alltag verläuft unverändert 'normal'.

Ich befinde mich in der Endphase als Lektor eines 'australischen' Reisebuches für eine Pensionärin aus Mellensee, die nach zehn Jahren endlich den Mut gefunden hat, ihre Erlebnisse in 35 Kapiteln mit über 80 Photos zu einem Buch herauszubringen. Ich wurde ihr empfohlen und konnte sie überzeugen.

Präsentationstermin soll der 26. Februar 2012 sein. Ich werde noch mindestens 24 Arbeitsstunden inklusive cover-layout und online-upload brauchen.

Am 17. Januar gegen 13 Uhr erfolgt die Punktion des Beckenkammes. Unsere jüngste Tochter empfängt meine Frau und mich im Warteraum.

Ich bin dankbar.

Meine etwas bedrückte Stimmung aber wird immer dann noch verstärkt, wenn geliebte Menschen mich aufheitern, in meinem 'Leid' trösten wollen.

Da ich den Gesamtvorgang aber positiv angenommen habe, will ich mich vertrauensvoll in die fachärztlichen Hände begeben und aktiv zum Gelingen beitragen.

Das Blutbild bestätigt in der Vorbesprechung den bisherigen Trend eines zunehmenden Infektionsrisikos. Ab sofort soll ich Menschenansammlungen meiden. Damit sind öffentliche Verkehrsmittel, Kaufhaus und Supermarkt, Konzert-Veranstaltungen und Restaurants zunächst tabu. Auch Besuche bei Bekannten und Familie sind mit Bedacht zu planen.

Eine Quarantäne ist allerdings nicht vorgesehen.

Wie erwartet, ist die Betäubungsspritze im Bereich des rechten Beckenkammes recht schmerzhaft.

Aber nur für kurze Zeit. Dann liege ich entspannt in linksseitiger Bauchlage und höre nur die beiden Fachfrauen arbeiten.

»Er hat aber harte Knochen ...«
»Da können wir Osteoporhose ausschließen ...«
»Diese Diagnose ist kostenlos ...«

Die Entnahme des Blutkoagels verursacht eine Art Ziehen, die Stanze scheint recht anstrengend für die Ärztin und ihre Assistentin zu sein. Nach der Wundversorgung liege ich noch etwa 25 Minuten rücklings auf einem kleinen Sandsack für die Druckerhöhung zur Vermeidung einer Blutung. Vor Erleichterung bekomme ich feuchte Augen und auch ein paar Tränen. Frau und Tochter reden ablenkend auf mich ein, ich werde ganz ruhig.

Schmerzen stellen sich nicht ein.
Meine Stimmung hebt sich.
Mir geht's wieder gut. Wir haben einen wichtigen Schritt zur Erkenntnis getan.
Die Beurteilung der Proben durch jeweils ein Münchner und ein Berliner Institut erwarte ich mit Spannung in frühestens zehn Tagen.

Damit ist diese Thematik für mich beendet und ich klammere weitere Gedanken daran erst einmal aus.

Ich möchte möglichst schnell nach Hause zu meinen Lektoratsaufgaben. Das von der Autorin gewünschte Buchformat DinA4 und die Spiralbindung muss ich ihr ausreden. Für den Buchhandel ist ein Werk ohne Buchrücken indiskutabel.

Mit 'easy-cover' entwerfe ich online bei BoD ein schlichtes Hardcover in ihrer Lieblingsfarbe mit ISBN-Barcode und Verlags-Logo. Außerdem wünscht sie Struktur-Prägung. Die 100 Seiten werden einen etwa 7 mm starken Buchrücken ergeben, sodass die Beschriftung sich sehen lassen kann.

Mehr als fünf Stunden am Stück kann ich allerdings nicht am Labtop verbringen. Dann bekomme ich dicke Beine.

Die Blutbilder der wöchentlichen Untersuchungen zeigen weiterhin schwankende Werte.

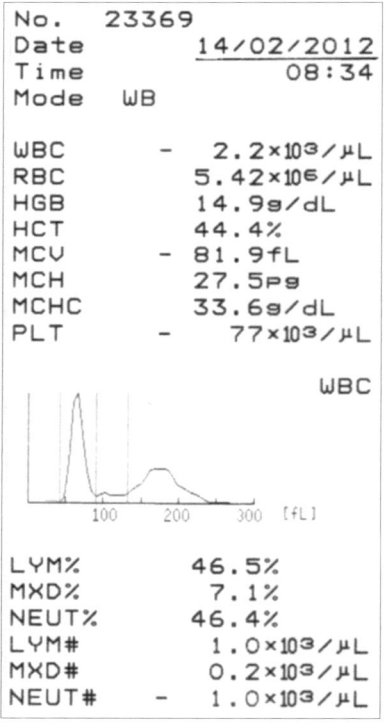

Dieser Tag bringt eine weitere Erkenntnis über meinen Zustand, der gefühlt mir immer noch 'normal' vorkommt:

Die Entwicklung der Thrombozyten deutet auf ein zunehmendes Blutungsrisiko hin.

Ich frage gar nicht nach, sondern interessiere mich sofort für das Ergebnis der Biopsie nach molekulargenetischer [1] und immunzytologischer [2] Prüfung des Materials.

[1]

Beurteilung:

Die BRAFV600E-Mutation wurden in 100% aller Haarzellleukämien beschrieben (Tiacci et al., N. Engl. J. Med., 2011). Aus dem Knochenmark wurde mRNA isoliert und eine BRAFV600E-Allel-spezifische quantitative RT-PCR durchgeführt. Es zeigte sich eine hohe V600E-spezifische Expression im Vergleich zum BRAF-Wildtypallel (medianer Wert bei Normalkontrollen: 0.003-0.005).

Dieser Wert spricht für das Vorliegen einer Haarzellleukämie.

> **Beurteilung:**
>
> Aufarbeitung der Zellen mit Lyse. Im Auswertegate liegen 23% der Zellen. Nachweis einer reifen B-lymphatischen Population (2%) mit Expression von CD19, CD20, CD22, FMC7, CD79b, CD103, CD11c und CD25 sowie fehlender Expression von CD5 und CD10. Es besteht eine Leichtkettenrestriktion Kappa. Der Befund entspricht einer Knochenmarkinfiltration durch eine Haarzellleukämie. Es folgt eine molekulargenetische Untersuchung.
>
> **Diagnose: Haarzellleukämie**

Das Fachchinesisch überfliege ich hastig.
Ich erwarte keine Erläuterung.

Was zählt, ist die Schlussfulgerung.

Haarzell-Leukämie ?! Eine Form von Blutkrebs ?!

Ich muss kurz und heftig schlucken.

Wie kann es dazu kommen ?

Die Antwort beendet meine Fassungslosigkeit und läßt mich ruhiger werden:

»Bei der Zellbildung ergeben sich 'Kopierfehler', die Mutationen hevorbringen, welche im Immunsystem zu erheblichen Störungen führen, somit krankhafte Entwicklungen befördern können.«

Und schon interessiere ich mich dafür, was zu tun ist, um diese Mutation in meinem Körper los zu werden. - Was weiß ich darüber? - Nichts!

Resignation aber will ich nicht zeigen. - Das habe ich in der Vergangenheit zu häufig zugelassen.

Mein fragender Blick reicht aus, und Frau Dr. zeigt mir mögliche Perspektiven dieser Diagnose auf:

»Auch wenn wir jetzt die Ursache Ihrer Splenomegalie und der Blutwerte kennen, bleibt zunächst die Tatsache, dass es sich hier immer noch um eine 'chronische' und keine 'akute' Situation handelt. Ihr derzeitiger Zustand macht nicht zwingend eine sofortige Therapie erforderlich.«

Meinem Befinden nach stimme ich dieser Überlegung zu. - Aber wie soll es dann weiter gehen?

Wird meine Milz noch weiter anschwellen können?

Wie lange wird sie ihrer Aufgabe gewachsen sein?

Muß sie eventuell entfernt werden?

Welche Therapie ist bei meiner Leukämie möglich?

»Bei Haarzell-Leukämie handelt es sich um eine so genannte 'leichte' Bluterkrankung in dem Sinne, dass es gute Heilungschancen gibt. Diese können erreicht werden durch den chemotherapeutischen Einsatz von Cladribin, einem Wirkstoff, der mit seinen zytotoxischen Eigenschaften für Patienten mit dieser Diagnose zugelassen ist.«

Im Internet entdecke ich »Haarzell-Leukämie-Hilfe e.V.« und informiere mich über Erfahrungen Betroffener mit Diagnose- und Therapie(er)folgen. (Anhang) Bei aller Unsicheit und immer wieder auftretenden diffusen Angstvorstellungen lese ich aus den Berichten auch hoffnungsvolle Momente.

Ich will nicht warten, bis es mir schlechter geht, sondern sofort 'den Stier bei den Hörnern' packen.

Solange ich mich gut fühle, kann ich sicher auch die zu erwartenden Nebenwirkungen besser verkraften.

Ich möchte unbedingt positiv, das heißt, selbst aktiv an diese Therapiezeit herangehen.

Frau Dr. ist einverstanden. Sie reagiert erleichtert auf meine formulierte Einstellung und wir vereinbaren, dass am 20. Februar 2012, einem Montag, um 08:45 Uhr die Chemotherapie zur Remission meiner Haarzellleukämie beginnen wird.

Bevor es aber los gehen kann, wird mir die dokumentierte Patientenaufklärung überreicht mit der vorbereiteten Einwilligungserklärung. So viel juristische Absicherung muß wohl sein. Auch die Bedenkzeit, die ich natürlich bis zum Termin in Anspruch nehme. Dörte und ich gehen daheim gemeinsam alles durch und sie bestärkt mich darin, nichts 'auf die Lange Bank' zu schieben.

Auch ein Anruf bei Schwesterherz Gabriele auf Sylt verstärkt meine Zuversicht; sie hat vor Jahren eine Krebstherapie überstanden.

Wir haben allerdings nie darüber gesprochen, wie sie diese Zeit gemeistert hat. Ich ahne noch nichts von der Unterstützung, die sie für mich bereit hält.

Wir alle werden das gemeinsam durchstehen …

Was suchst Du nach Rätseln,
suchst Du nach Wundern
und zählst sie?

Ein Wunder ist,
dass Du da bist
und mit Dir
alles schon da ist.

Friedrich Georg Jünger

Manchmal reichen Kraft und Mut einfach nicht aus; hin und wieder braucht man auch ein dickes Fell!

Design + © Gutsch Verlag

15.02.12

Mein liebster großer Bruder:

"doll gedrückt! Alles Liebe auch an Dorte."

Du hast mich ganz schön erschreckt mit Deiner Nachricht und ich drücke Dir ganz doll alle Daumen, dass Du die kommende Wegstrecke, so gut Du kannst, bewältigen wirst. Hoffentlich halten sich die Nebenwirkungen begrenzt. Für die schwierige Zeit schicke ich Dir ganz viele positive Gedanken - vielleicht hilft das wenigstens moralisch ein bißchen. Für die Bio-chemie schicke ich Dir den versprochenen Tee.

Das Päckchen von der Insel ist eine echte Überraschung. Ich probiere die Teesorten gleich aus und bleibe beim Grünen. Der andere ist z.Zt. nicht mein Geschmack.

Die Entscheidung für die Chemo ist gefallen.
Es gibt keinen Grund, weiter darüber nachzudenken.

Das Lektorat hat nun Vorrang vor allem anderen.
Das Buch von Frau D. ist noch nicht fertig!
Der Vertrag mit BoD ist online vereinbart: wir nehmen das »Classic-Paket« für 39,00€.

Ich bestelle in ihrem Auftrag fünfzig Autoren-Exemplare zu je 10,68 € für den Präsentationstag. Im Handel wird es 17,90 € kosten müssen.

So will es die Autorin. Wegen der vielen Farbfotos.

Beim »upload« mit anschließender Überprüfung der Komponenten durch die Verlags-Software, insbesondere der Qualität der über 80 Farbseiten, ergibt sich ein schwerwiegendes Problem durch die eingescannten Fotos und Postkarten: Die 'grafics' werden überwiegend als drucktechnisch bedenklich eingestuft. Sie sind in der Buchform damit von nicht zumutbarer Qualität.

Der Grund ist so einfach wie ärgerlich: ich habe die am Bildschirm einwandfrei erscheinenden Dateien der Autorin beim Layout nicht überprüft.

Das wird mir nie wieder passieren.

Alle grafischen Materialien hole ich bei ihr ab, scanne sie selbst noch einmal ein, formatiere sie entsprechend und arbeite sie dann erneut in den Text ein. Das werden 16 Stunden extra.

Ein Aufwand, der natürlich nicht in einem Zug erledigt werden kann, aber in der folgenden Nacht endlich abgeschlossen ist. - Nun ist auch die Verlagssoftware 'einverstanden' mit der Qualität und bestätigt den erfoglreichen upload.

Tage später kommt per e-mail die Auslieferungsbestätigung der fünfzig Exemplare an die Autorin.

Mir bleibt nur noch, die Rechnung zu schreiben und mich für den Auftrag und die Zusammenarbeit zu bedanken.

Das Wochenende ist ohne nennenswerte Aufregung vergangen. Das heiße Vollbad am Morgen vor dem ausgiebigen Früstück gegen 11 Uhr genieße ich sehr.

Das Sonntagsgespräch mit Neubeckum hinterläßt gemischte Gefühle, zumal H. eine schwächere Woche hinter sich hat und Vater mit seinen 93 Jahren das auch nicht mehr so gut verkraftet. Dann aber hört er sich schon wieder optimistisch an, seine Stimme wird wieder klarer und die etwa zehn Minuten vergehen wie im Fluge. Mehr ist, wie so häufig, nicht möglich.

Wir verabreden uns für den nächsten Sonntag, denn will er mehr über die 'Chemo' wissen, die dann sicher schon 'gelaufen' ist.

Ich habe in meinem Leben gelernt, nicht allzu detaillierte Erwartungsszenarien zu aufzubauen. In diesem Falle ist der Wochenablauf schließlich sehr klar gegliedert:

Montag bis Freitag bekomme ich am frühen Vormittag meine 'Tagesdosis' s.c., liegend. Aus Sicherheitsgründen, versteht sich.

Dann schließt sich die Infusion an, die ich in einer Halbliege 'genießen' darf.

Mo-Do-Di wird ein Kontroll-Blutbild erstellt.

Ab jetzt werden diese Untersuchungen durch Laborwerte für Niere und Leber ergänzt, die 'ausser Haus' ermittelt werden.

Das Ganze begleite ich aktiv durch Einnahme der verordneten Medikamente »cotrimforte 960« (Antibiotikum, Mo-Mi-Fr) und »Allopurinol 300« (1xtägl.).

MCP 4mg-Tropfen gegen Übelkeit stehen bereit.

Ich erwarte keinerlei Probleme, bin aber gespannt, wie das dortige medizintechnische Personal meine 'zarten Venen' verkraften wird.

Tatsächlich beginnt die Woche mit einem ganz normalen Montagmorgen. Der Radiowecker liefert um sieben Uhr den gewohnt klassischen Ausstieg aus der Nacht.

Aber plötzlich ist die Anspannung da.
Eine Unruhe, die ich nicht erwartet habe.
Ich bin doch nicht in den Examensprüfungen.

Dörte rät, in ihrer unnachahmlichen Art, mich auf das Bereiten des Früstücks zu konzentrieren.

Dann geht alles seinen Gang.

Wir finden gegen 8.30 Uhr einen geeigneten Parkplatz in der Ringbahnstraße. Der kurze Fußweg an frischer Luft tut gut. Wir nehmen die drei Treppen, verzichten auf den langsamen Fahrstuhl.

Ich fühle mich gut und zuversichtlich.

Die Blutabnahme klappt tadellos.
Die Werte liegen im bisherigen Rahmen.

Nach kurzer Wartezeit werde ich zu Frau Dr. hereingerufen und begrüßt.

Die Einverständniserklärung übergebe ich und erhalte im Gegenzug meinen Pass mit den Patientendaten und den vielen Spalten für die Eintragungen therapierelevanter Werte.

Nun kann es endlich losgehen …

… Leider nein, denn die Eintragung meines derzeitigen Körpergewichtes ist falsch. Ein Zahlendreher.

Es sind 89 kg, nicht die eingetragenen 98 kg!

Die extra für mich hergestellte Tagesdosis des Medikaments ist damit um 1,2ml zu hoch.

Für mich somit unbrauchbar.

Sie muss neu berechnet und bestellt werden.

Dadurch verzögert sich der Therapiebeginn um mindestens eine Stunde!

Das fängt ja gut an. Patienten-Pass

Datum	20.02.2012	14.2	20.2	21.02.	22.02.	23.2	24.2.	28.2.	1.3.	2.3.	3.3.	7.3.	8.3.	13.3.	18.3.	26.3.	02.04.
Therapiezyklen	(1) →			1.d2	1.d3	1.d4	1.d5										
Arzt	Dr. v. Bülow																
	Cladribin 0.14 mg/kg (litik) d1-5	14,5															
	Cotrim forte 960 mg 1x 2x/Woche (Mo/Mi, Fr)																
	Allopurinol 300 mg 1x	x		x	x	x	x										
	Ciprobay 500mg 1x tägl.	x		x	x	x	x										
	Roxithromycin 300mg	(Usp. als Infektende)	(Usp. des Fusskinfekts)	Cotrim → x → x → x Allopurinol → x Ciprofl → x													

LABOR

Hb	14,9 14,7	14,1	12,3 15,3 13,8 14,4 12,5				13,4 13,8	11,9 14,5
Leuko	2,2 2,3	1,4	0,15 0,16 0,52 0,83				1,3 2,1	3,4
Thrombo	77 87	103	96 110 78 115				274 210	223
Lympho	0,2	0,3	20% 8% 8%				0,2	0,3
Neutro	1,0 1,0	1,0					1,0 1,9	2,4

Der Ärger über diesen 'Verfahrensfehler' führt dazu, dass ich innerlich meiner Erkrankung gegenüber weiterhin gelassen eingestellt bin.

Ich empfinde keinerlei 'Bedrohung', denke allerdings aber auch über nichts weiter nach.

Gegen 11.00 Uhr fällt der Startschuß.
Meine Tagesdosis ist da!
Frisch geliefert von einer Apotheke am Ku'Damm!

Die Liege im Behandlungszimmer ist frei.

Die erste Dosis setzt Frau Doktor selbst, langsam und ruhig in Anwesenheit der Schwester, die mich für den Rest der Woche betreuen wird.

Dann suche ich mir einen freien Platz im großen Oval des Infusionsraumes und erhalte meine 500 ml, deren Einlauf ich die nächsten fünfundvierzig Minuten 'beobachte'.

Es sind noch sechs weitere Plätze besetzt, überwiegend mit Infusionen, aber auch mit i.v.-Medikamentengaben und Bluttransfusionen.

Einige Patienten verbringen hier bis zu vier Stunden, wie ich im Laufe der Woche erfahre! Ab morgen nehme ich mir etwas zum Lesen mit. Musik hören scheint mir unpassend.

Zum Lesen komme ich doch nicht so recht, denn ich ertappe mich hin und wieder dabei, wie ich den einen oder anderen Mit-Patienten 'beobachte'. Da gibt es den Zeitungs-Leser, die Buch-Leserin. Den earphone-Träger und die sanft Schlummernden.

Auch leise Schnarcher sind auszumachen.

Ich trinke mehr als zwei Liter stilles Wasser täglich.

Die tägliche Dosis zeigt Wirkung.

Die Blutbilder lassen erkennen, dass mein teildefektes Immunsystem 'heruntergefahren' wird.

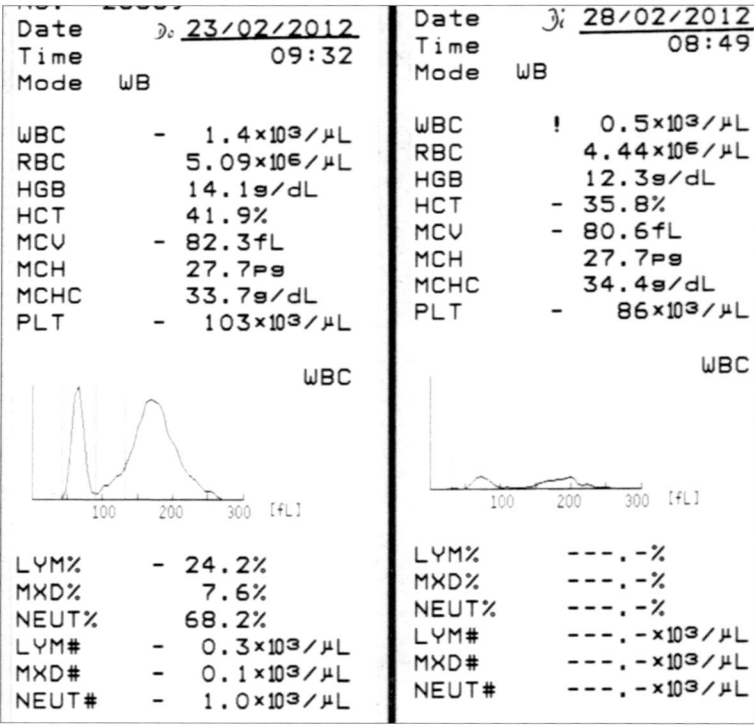

Die Infektionsgefahr nimmt zu.

Dagegen 'arbeitet' die Prophylaxe.

Und mein unverändertes Wohlbefinden.

Bisher sind keine 'Nebenwirkungen' aufgetreten. Ab sofort soll ich einen Mundschutz tragen. Zu meinem Schutz und als Signal für die 'Anderen'.

Kurioserweise nehmen unsere Nachbarn das erst recht zum Anlass für eine Kontaktaufnahme.

Ich muß mehr Auskunft geben, als mir lieb ist und gleichzeitig eine angemessene Distanz halten.

Besonders hart wird es für die nächsten zwei Monate für den zweijährigen Enkel: »Opa geh'n !?«

Am 28.02. gegen 9.00 Uhr gratuliert mir Frau Dr. zu den ersten Schritten zur Gesundung:

»Die Chemotherapie ist bis hierher ein Erfolg!«

Die folgenden zwei Wochen bestätigen, dass die Remission in Gang gekommen ist. Die Befunde für Nieren- und Leberwerte sind ohne Beanstandung.

Rache ist süß.
Oder besser: »Zu früh gefreut!«

Eingeweihte erwarteten es schon: »cotrimforte 960« führt erfahrungsgemäß nach 11–14 Tagen zu allergischen Reaktionen, überwiegend der Haut.

Im Laufe des Mittwochnachmittag verändert sich mein Befinden auf eigenartige Weise: Ein Kribbeln und leichter Juckreiz zunächst an der rechten Wade.

Das sind wohl die Vorboten bisher ausgebliebener Nebenwirkungen!? - Nicht schlimm, aber zunehmend irritierend.

Nach der Abendtablette »Ciprobay« bekomme ich 'heiße Ohren' und beim Zähneputzen vor dem Spiegel fällt mir mein insgesamt gerötetes Gesicht auf.

Das Jucken nimmt zu.

An Lesen oder Fernsehen ist nicht mehr zu denken.

Nach und nach entdecken wir an Stamm und Extremitäten ein dichter werdendes 'Netz' kleinflächiger, rötlicher Flecken, die sich bis zum Morgen, an dem ich um 6 Uhr schweißgebadet erwache, im Rücken- und Brustbereich flächig ausgebreitet haben. Die morgendliche Cipro nehme ich nun nicht mehr!

Da muss fachmännischer Rat her!

Es ist Donnerstag, der 01.März.

Gegen 9 Uhr sind wir in der Praxis und Frau Dr. bestätigt nach kurzer Untersuchung die 'typische' Medikamenten-Allergie. Zur Linderung bekomme ich »Cetirizin« verordnet.

Es ist in 'unserer' Apotheke vorrätig.

Ich nehme sofort eine Tagesdosis - und konzentriere mich darauf, mich nur nicht zu kratzen!

Im Laufe des späten Nachmittag wird mir heiß.

Ein Satz klingt mir noch in den Ohren:

»Wenn Sie Fieber bekommen, sollten Sie sich unverzüglich bei uns melden.«

Mein Gesicht zeigt leichte Schwellungen und meine Ohren scheinen platzen zu wollen. Dörte hat das Thermometer bereit und ich messe unter der Zunge: zunächst 38,4. Eine Viertelstunde später sind es 39,0!

Ich telefoniere mit der MVZ-Praxis und erhalte die Auskunft:

»In diesem Falle fahren Sie unverzüglich in das Joseph-Krankenhaus. In die Notaufnahme, da Sie keine Einweisung haben.«

Eigentlich sollte ich vorgewarnt sein.

Dennoch wird mir der Ernst dieser Veränderung kaum bewußt und ich spule unter der Führung meiner Frau ein Programm 'notwendiger Aktivitäten' ab.

Mein Schwager Jürgen, langjähriger ITS-Dr. am Benjamin-Franklin-Campus, rät uns zur Erste-Hilfe-Station. Er wird telefonisch alles notwendige für eine zügige Aufnahme in die Wege leiten.

Ich bin dankbar und füge mich in die Notwendigkeit.

Der Weg ist uns bekannt seit der 18monatigen Studie und dem wöchentlichen Aquatraining, das wir seither schmerzlich vermissen. Nach ca. 20 Minuten sind wir gegen 17.35 Uhr vor Ort.

Geradezu stoisch lasse ich alles über mich ergehen und lande schließlich im letzten Zimmer des Flures in einem Zweibett-Zimmer mit dem Hinweis:

Achtung! Mundschutz anlegen!

Hier liegt ein vor Monaten operierter Tumorpatient, der dem Aussehen nach alle Klischees des 'Krebspatienten' erfüllt, kahlköpfig und abgemagert, mit farblosem Hauttypus und apathisch wirkend.

Ich erfahre in den sechs Tagen meines Aufenthaltes, dass er nach einer Stammzellen-Therapie in der letzten Aufbauphase zur Entlassung künstlich ernährt wird, da er wegen erheblicher Schluckbeschwerden immer noch keinerlei feste Nahrung -nicht einmal Kartoffelbrei oder Pudding- zu sich nehmen kann.

Er befindet sich zudem mittels einer Schmerzmittel-Pumpe in der Morphinentwöhnung und wird erst in vier bis sechs Wochen entlassen werden können, obwohl seine Blutwerte bereits besser sind als meine.

Dieser Aspekt ist also nicht alles.

Gemessen daran bin ich dennoch eher glimpflich 'dran' und nehme es demütig hin.

Einen Überblick der medizinischen Sachverhalte mag die folgende Darstellung der Klinikunterlagen geben.

Diagnose: Haarzell-Leukämie
Z .n. einem Zyklus Cladribine (20.-24.02.2012)

Nebendiagnosen: Allopurinol-Allergie DD Ciprofloxacin

Aktuell: Arzneimittelexanthem DD Allopurinol/Ciprofloxacin
FUO

Anamnese:
Die stationäre Aufnahme erfolgte mit Fieber und einem seit einigen Tagen progredienten Arzneimittelexanthem unter Einnahme von Ciprofloxacin, Allopurinol und Cotrim. Das Exanthem sei leicht juckend. Stuhlgangs- und Miktionsprobleme wurden verneint. Kein Husten, keine Dyspnoe.
Bei Erstdiagnose einer Haarzell-Leukämie in ihrer Praxis war am 20.02.2012 eine Therapie mit Purinanaloga eingeleitet worden. Es besteht eine Panzytopenie.

Status bei Aufnahme:
Leicht reduzierter AZ, guter EZ. Keine Ödeme, keine Zyanose, kein Ikterus. Feinfleckiges, konfluierendes, teils leicht papulöses Exanthem, am gesamten Integument, stammbetont. Kopf. Kein Meningismus, Pupillen isocor, Rachen reizlos, Zunge feucht, nicht belegt. Keine LKS. Pulmo: VA seitengleich, sonorer KS, keine RG's. Cor: rhythmisch. Abdomen: weich, Milz bei tiefer Palpation ca. 3 cm unter Ribo, sonst unauffälliger Befund. Grobeneurologisch unauffällig.

Epikrise:
Die stationäre Aufnahme erfolgte mit Fieber bei Panzytopenie und einem typischen Arzneimittelexanthem bei Einnahme verschiedener potentiell-verdächtiger Medikamente. Die Entzündungswerte waren nur geringgradig erhöht. Ein Fokus ließ sich weder klinisch noch bildgebend eruieren. Bei Neutropenie begannen wir eine empirische Breitbandantibiose mit Tazobac. Nach Absetzen von Ciprofloxacin und Allopurinol war das Exanthem rasch regredient und der Patient entfieberte anhaltend. Die Medikation mit Cotrim wurde fortgesetzt.

Ich bin dankbar für jeden Besucher, mit dem ich dann, nun selbst mit Mundschutz versehen, eine Weile den langen Flur 'bewältigen' kann.

Den Aufenthalt hier nehme ich als hilfreiche Episode zur Genesung zur Kenntnis und stufe ihn insofern als bemerkenswert ein.

Wieder im Alltag angekommen, trage ich außerhalb des Hauses Mundschutz und Handschuhe, was mich 'kränker' aussehen lässt, als ich mich wirklich fühle.

Die Zimmerpflanzen bleiben ebenfalls noch im Dachgeschoß geparkt, denn die Infektionsgefahr ist trotz Prophylaxe hinsichtlich möglicher Pilze nicht zu unterschätzen.

Die Anteilnahme der Nachbarschaft aber ist mir sicher und führt zu bisher nie dagewesenen Gesprächsmomenten, auf die ich zunehmend eingehe.

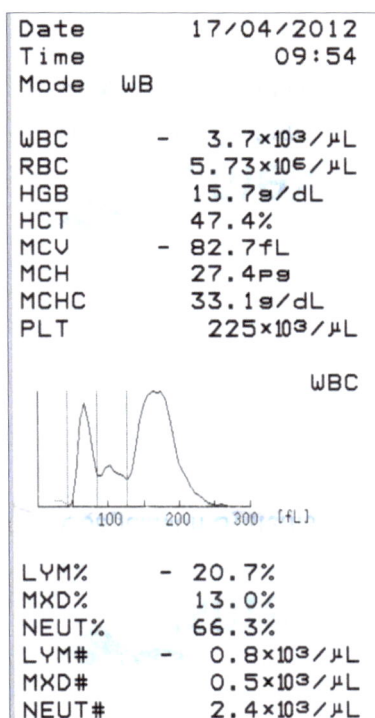

In dem wachsenden Gefühl, 'es' überstanden zu haben, beginne ich, Abläufe und Gedanken der letzten Monate zu notieren.

Ob daraus ein Buch werden kann, muss noch offen bleiben.

Die Blutwerte und die Entwicklung meines Befindens deuten auf eine erfolgreiche Remissionsphase hin.

Zuvor soll meine Milz erneut vermessen werden. - Nicht nur Interesse halber und wegen der Dokumentation, sondern weil die erwartete Schrumpfung ein Indikator für eine Stabilisierung der Knochenmarksprozesse wäre.

In der Nacht zum 18.03. zwingt mich eine erneute allergische Hautreaktion in Form eines schon bekannten 'Netzes rötlicher Flecke' als Ganzkörper-Überzug für weitere zehn Tage zur Geduld.

Diesmal ohne steigende Temperatur, dafür aber mit juckender Hartnäckigkeit.

Antihistaminika nutzen momentan gar nichts.

Geduld ist gefragt, denn Ratlosigkeit wegen der bereits abgesetzten Medikamente cotrim und Allopurinol macht sich breit.

Meine Ungeduld erträgt Dörte tapfer.

Am 19.03. erhalte ich als Folgebiose »Atovaquon«, ein um das 7fache teureres Medikament,

> »...dessen Resorptionsquote mit fettreicher Nahrung um das zwei- bis vierfache verbessert werden kann, da seine absolute Bioverfügbarkeit ansonsten relativ gering ist und ausgeprägten individuellen Schwankungen unterliegt.« (aus: ZCT Heft 1, 1996)

Es wird Zeit, ein Lebenszeichen nach Sylt zu senden, wo Gabriele im Sozialdienst tätig ist.

Sie überrascht mich immer wieder mit Kultura-Karten-Grüßen aus dem © Gutsch Verlag, Berlin.

Foto: © Pitopia, Carmen Steiner   Design + © Gutsch Verlag

In der Sprechstunde am 02.04.2012 gibt Frau Dr. zunächst Entwarnung für das bisherige Infektionsrisiko und schlägt als nächsten Kontrolltermin den 17.04.2012 vor.

»Atovaquon« soll ich nur noch bis zur Neige des Gebindes einnehmen. Ich hab drei Kilo zugenommen!

Ist es geschafft?

Ich kann wieder 'unter Menschen'?

Das nächste Abo-Konzert ist am 25. April.

Die Gartenarbeit ruft.

Ich freue mich darauf.

So wird noch rechtzeitig das jährliche Osterbäumchen aus Korkenzieherhaselzweigen fertig und die von den Kindern bemalten Eier können angehängt werden. Zumindest was von denen aus den letzten Jahren noch übrig geblieben ist.

Wir werden wohl Nachschub 'bestellen' müssen.

Mit Sicherheit aber werde ich einen Osterfestschmaus für die ganze Familie zubereiten.

Die Fragestellung »Wie geht's Dir?« wird zunehmend problematisch, denn ein »gut!« ist schwer vermittelbar.

»Also bist du nicht mehr krank?« - »Doch. Aber ich fühle mich gesund, wenn auch schnell ermüdet.«

»Dann ist das doch das Alter!«

Es ist Dienstag, der 17. April 2012.

Die Praxis ist rappelvoll.

Die Blutabnahme läuft heute etwas holperig ab.

Das kommt bei mir schon mal vor, gelingt dann aber, so dass ausreichend Material zur Verfügung steht. Auch für das Aussen'-Labor.

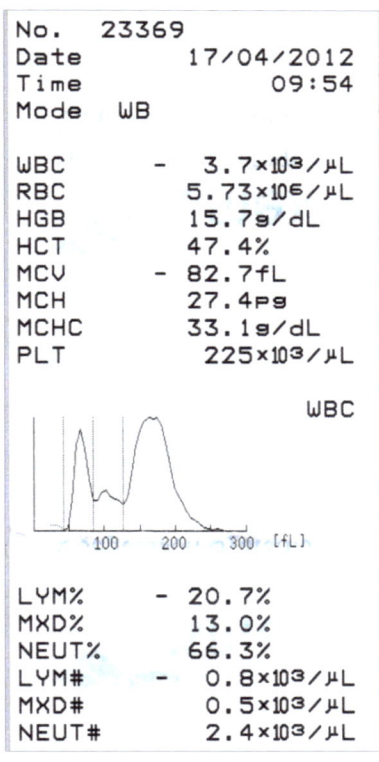

Angesichts der Werte bin ich enttäuscht! Eine Leere erfaßt mich.

Es gelingt mir erst nach einigen Minuten, einen klaren Gedanken zu fassen.

Mein Optimismus hat mich dazu verleitet, die Entwicklung der Werte in Bezug auf die vergangene Zeit 'hochzurechnen'.

Ich muß noch geduldiger sein!

Das fällt mir besonders schwer angesichts der vielen Arbeiten, die wir in diesem Jahr in Haus und Garten vorhaben.

So muss ich wohl einen weiteren Monat 'kurztreten'!

Nach einer Stunde Wartezeit werde ich aufgerufen. Frau Dr. ist zufrieden mit der Entwicklung:

»Die Werte steigen, das allein zählt. Für die Behandlung der in den letzten Wochen auftgeretenen Hautveränderungen sollten Sie einen Dermatologen Ihrer Wahl konsultieren. Eine cortisonhaltige Salbe wird helfen.«

Sie versteht meine Ungeduld, gibt aber zu bedenken, dass die Chemo erst acht Wochen zurückliegt. Zwei bis drei weitere Monate mit reduzierter Aussenaktivität sollten wir schon noch einplanen.

Einen Termin beim Dermatologen in der Bahnhofstraße habe ich nach drei Tagen.

Dieser Fachbereich ist wohl nicht so überfüllt.

Nach ca. 15 Minuten Wartezeit bin ich dran und kann meine 'Stellen' vorzeigen. Ein Abstrich soll den möglichen und unerwünschten Pilz-Verdacht klären helfen.

Ich bekomme eine Salben-Verordnung und bin nach einem angenehmen Gespräch wieder auf der Straße. In der Apotheke nebenan erhalte ich mein Medikament.

Die tägliche dünne Einreibung ist schnell erledigt und zeigt eine heilende Wirkung.

Beim Kontrolltermin am 08.05. erhalte ich das »o.k« und setze die Einreibungen bis zur Neige des Gebindes fort.

Es ist Dienstag, der 15. Mai 2012.
Wir erreichen zügig das MVZ und können direkt auf dem Hof parken. Es ist 8:15 Uhr.

Die Blutabnahme ist im Nu überstanden.
Auch steht ausreichend Material zur Verfügung für das differenzierte Blutbild. Diesmal mit PSA-Bestimmung.

Angesichts der Lymphozytenentwicklung bin ich zunächst enttäuscht!

Meine Einstellung hat sich aber verändert: ich bin 'im vierten Monat', da braucht der Reifungsprozeß noch eine Weile.

Vor allem im viralen Bereich.

Außerdem macht es keinen Sinn, auf die Blutwerte als einzigen Indikator meines Zustandes zu starren,
wie das Kaninchen auf die Schlange.

```
Date          15/05/2012
Time             08:16
Mode    WB

WBC       -    3.1×10³/µL
RBC            5.33×10⁶/µL
HGB            15.2g/dL
HCT            44.2%
MCV       -    82.9fL
MCH            28.5pg
MCHC           34.4g/dL
PLT            184×10³/µL

                        WBC

                100   200   300  [fL]

LYM%           21.3%
MXD%           11.2%
NEUT%          67.5%
LYM#      -    0.7×10³/µL
MXD#           0.3×10³/µL
NEUT#          2.1×10³/µL
```

Ich muß stärker darauf hören, wie es in mir aussieht, wie ich mich fühle, was mir wichtig ist!

Dies ist eine neue Erfahrung für mich.

Gabrieles beziehungsreich ausgesuchte Grußkarten erfreuen uns aufs Neue, bereiten aber auch in ihrer Diktion hin und wieder meinem Gefühlshaushalt Probleme.

Der nächste Untersuchungstermin ist für den 19. Juni, 08.15 Uhr vorgesehen.

Dann wird das Vermessungsergebnis der Milz allerdings noch nicht vorliegen, weil als frühester Termin erst der 22. Juni, 11.00 Uhr, -bitte nüchtern-, möglich gewesen ist.

Foto: © Mauritius Images

Einen ersten Kurzurlaub planen wir für die Woche vor Bärbels Geburtstag in Nattheim.

Zunächst aber sind wir zum 'Kaffee' geladen am 20. Mai, um den Geburtstag unserer Enkelin Celina nach zu feiern. Sie hat ihre ersten fünfzehn Jahre vollendet und schaut mit gemischten Gefühlen ihren voraussichtlich letzten zwei Schuljahren entgegen.

Fünf Wochen sind seit der jüngsten 'Wertebestimmung' vergangen und mein Alltag wird bestimmt von mir unverständlichen Stimmungsschwankungen.

Ich kann mich zu keiner klaren Linie durchringen.

Kleine Arbeiten im Haushalt, wie das Zubereiten der täglichen Mahlzeiten, erledige ich zwar in der Regel zufriedenstellend.

Kleinere Mißgeschicke häufen sich jedoch.

Ich komme mir recht abwesend vor, ohne sagen zu können, wo oder wie ich mich denn 'befinde'.

Dörte weist mir auf liebevolle Weise die eine oder andere Aufgabe zu, weil ich aufgebe, wenn etwas nicht sofort gelingt oder von mir 'vergessen' wird.

Die Fahrt zu Bärbel sage ich ab wegen gastrohysterischer Zustände und schwankendem Unwohlsein.

Seit Jahren vertraute Körpersignale rufen in mir Argwohn und Unsicherheit hervor.

Diese Veränderungen lassen mich kurzfristig geradezu panisch reagieren, begleiten mich mit Schweißausbrüchen, zeitweise heftigen Kopfschmerzen oder kurzen Wutausbrüchen; Agression vor allem gegen mich selbst und meine Unfähigkeit, dieser angstbeladenen Gedanken Herr zu werden und ihnen Zuversicht und innere Ruhe entgegen zu setzen.

Immerhin sind diese Phasen recht kurz.

Es ist der 19.Juni 2012.

Sechs Monate sind vergangen seit den ersten Fragestellungen nach etwaigen Befunden, fünf Wochen seit der letzten Blutuntersuchung.

Gähnende Leere im Warteraum, der Therapieraum ist noch nicht besetzt.

Die Anmeldung verweist mich unverzüglich zum Labor: Routine.
Dort bin ich auf dem vierten Stuhl.
Warten…
Dörte wirkt ruhig.

Ich bin es nicht und arbeite eher konzentriert daran, meine Erwartung niedrig zu halten …

```
Date          19/06/2012
Time              08:31
Mode     WB

WBC       -   3.1×10³/μL
RBC           5.39×10⁶/μL
HGB           15.2g/dL
HCT           44.4%
MCV       -   82.4fL
MCH           28.2pg
MCHC          34.2g/dL
PLT           183×10³/μL

                      WBC

       100   200   300  [fL]

LYM%      -   24.6%
MXD%      +   13.4%
NEUT%         62.0%
LYM#      -   0.8×10³/μL
MXD#          0.4×10³/μL
NEUT#     -   1.9×10³/μL
```

Das Ergebnis, nach 15 Minuten, enttäuscht mich nur

vorrübergehend:

Die Entwicklung ist immer noch nicht stabil.

Habe ich schon dazugelernt?

Schätze ich meine Situation angemessener ein?

Andererseits sind die Werte besser als vor einem Jahr, als noch alles *normal* war. Als die Aufgaben des Alltags und die Freuden unserer weitgehend ungebundenen Lebensweise als Pensionäre mit Zuversicht und Ruhe gelebt wurden.

Fazit:

»Die Remissionsphase ist noch nicht abgeschlossen aber erfolgreich andauernd.

Eine weitere 'Verbesserung' einzelner Spezial-Werte, hin zu den Standardwerten, wird möglicherweise noch durch Reste des zytotoxischen Medikamentes irritiert.«

Als nächster Termin ist der 31.07., 08.15 vorgesehen.

Gegen 9.20 Uhr sind wir 'draußen' und genießen ein gemeinsames Frühstück in unserem Cafe.

Über das Ergebnis sprechen wir nicht.

Die Blutwerte der letzten Untersuchungen sende ich per e-mail an Bärbel und Jürgen.

Ein erstes Telefonat mit Bärbel folgt prompt gegen Mittag. Wir vereinbaren jetzt einen längeren Aufenthalt bei ihr für etwa Mitte Juli.

Am Abend ruft Jürgen an und will wissen, wie es mir geht, wie ich mich fühle, wie ich 'drauf' bin.

Er spürt meine Unsicherheit und erklärt mir unumwunden, dass ES zunächst überstanden ist:

»Der Henkel ist wohl ab, aber das Gefäß ist intakt. Dein Immunsystem ist in voller Funktion. Es ist gerüstet für die üblichen Anforderungen des modernen Stadtlebens! - Es spricht nichts dafür, sich zurückzuziehen in Unsicherheit und Selbstzweifel im Umgang mit dem Alltag. - Es spricht aber alles dafür, vertraute Lebensgewohnheiten wieder aufzunehmen und neu zu beleben!«

Insbesondere der Ernährung und der Bewegung wird meine Aufmerksamkeit gelten müssen. Dann werde ich auch den 'Ballast' der letzten Monate wieder verlieren.

Ein halber Tag mit Cedric im Garten mit dem Wasserschlauch und anderen Erkundungen!
 Wie anstrengend ist das denn? Und welche Freude.

Es ist Donnerstag, der 21. Juni 2012.
Die Vermessung meiner Milz steht an.

Im Diagnostikum Berlin-Bergmannstraße, dem immer noch recht modern wirkenden Funktionalbau mit großzügigem, aber sehr lansamem Fahrstuhl - wie ich mich plötzlich erinnere und daher die Treppe in den 5.Stock nehme - und hellen Gängen, steht mir die gleiche Prozedur bevor wie am 29.12. 2011.

Nach siebenminütigem Anstehen bei der Anmeldung, die mit der obligatorischen Einwilligungserklärung endet, nehme ich für etwa 15 Minuten in einem der schwarzen Lederimitatsesseln Platz.

Dann reicht mir die Anspannung und ich begebe mich in den SONO-Bereich, wo ich die zahlreichen Bilder naiver Malerei wiederentdecke.

Nach weiteren fünf Minuten bittet mich eine junge Frau mitsamt vorbereiteter Unterlagen in den vorgesehenen Untersuchungsraum mit Kleiderablage, Hocker, Liege und Sonogerät.

Nach nochmals fünf Minuten erscheint eine junge Ärztin und das 'procedere' beginnt:

Sie entdeckt Nieren und Leber 'o.B.' und wendet sich dem eigentlichen 'Objekt' zu, meiner Milz.

»Die Milz ist vorhanden. Ohne Kenntnis der Vorgeschichte würde ich nach dem Grund Ihres Besuchs fragen. Ich kann nichts auffälliges entdecken!«

Ich bin zunächst ungläubig überrascht. - Damit wird auch Frau Dr. noch nicht gerechnet haben.

Die in der Zwischenzeit dazugekommene leitende Ärztin nimmt die Vermessung vor. Ihre Kollegin ist noch in der Sono-Ausbildung, aber auf gutem Wege, wie sich in ihrer Voruntersuchungsphase gezeigt hat.

Die Größe bitte! Ich brauche Zahlen! Bitte!

»Ihre Milz ist an ihrem Platz. Sie macht einen 'normalen' Eindruck, recht kompakt.
Die Größe ist - einen Moment noch: 5-7-12.
Ich gratuliere!«

Jetzt bin ich endgültig sprachlos, dankbar und beinahe euphorisch. » *Anhang S.69*

Kurz davor, den Ärztinnen um den Hals zu fallen.

Aber meine Lage auf der Liege, mit dem Kontaktgel auf dem Bauch und meine Erziehung erlauben das nicht. Ich bedanke mich daher herzlich und bleibe fürs Ankleiden allein zurück…

Wie auf 'Wolke Sieben' nehme ich zwei Stufen auf einmal das Treppenhaus herunter zum Hauptausgang und zur Straße hinaus. Hier schaue ich mich, tief durchatmend, zunächst einmal um.

Als müsste ich mich neu orientieren.

Ist es jetzt heller geworden?

Es kommt mir wohl nur so vor.

Die eigene Wahrnehmung ist so eine Sache.

An der Seitenstraße entdecke ich einen Blumenladen und kaufe Blumen für Dörte.
Lilien, die sie so mag.

Der Weg zum Wagen und die 13 Kilometer nach Lichtenrade zurück kommen mir jetzt viel kürzer vor.

Die Bedingungen für die Bewältigung der zweiten Jahreshälfte haben sich erfreulich verändert.

Was eine Nachricht verändern kann, spüre ich jetzt sehr stark in positiver Richtung:

Ich habe es hinter mir …

Anhang...

Haarzell-Leukämie-Hilfe e.V.

Was ist eine Haarzell-Leukämie?

Diese seltene Leukämie gehört aufgrund ihrer Entstehung und dem Verlauf der Erkrankung zu den indolenten, niedrigmalignen Non-Hodgkin-Lymphomen und wird in die klassische Haarzell-Leukämie (HZL) und die Haarzell-Leukämie-Variante (HZL-V) unterteilt.

Bei Männern tritt die Erkrankung vier- bis fünfmal häufiger auf als bei Frauen. Kinder sind nicht betroffen. Die Altersspanne ist sehr breit, das mittlere Erkrankungsalter liegt zwischen 50 und 55 Jahren.

Entdeckung und Namensgebung:

Im Jahr 1958 beschrieben Dr.Bertha Bouroncle und Kollegen aus Columbus/Ohio 26 Patienten mit dieser Krankheit, die sie als »leukämische Retikuloendotheliose« bezeichneten.

1966 tauchte in einer Veröffentlichung (Schrek u. Donelli) erstmals der Begriff »hairy cells« auf. Die entarteten Zellen haben auf ihrer Oberfläche fransige Ausläufer, die unter dem Mikroskop wie Haare aussehen.

Die erste Publikation in Deutschland erschien 1974 in der »Deutschen medizinischen Wochenschrift« unter dem Titel »Die Haarzellhämoblastose«. Schließlich hat sich der Name »Haarzell-Leukämie« (manchmal auch »Haarzellenleukämie«) im deutschsprachigen Raum durchgesetzt.

Diagnose und Behandlung:

Bevor eine Haarzell-Leukämie medizinisch auffällig wird, vergehen oft viele Jahre. Die Patienten haben meist gar keine oder nur wenige Beschwerden wie Abgeschlagenheit, geringe Leistungsfähigkeit, schnelle Erschöpfung und häufige Infektionen. Die Diagnose ist deshalb oft ein Zufallsbefund im Rahmen einer Routineuntersuchung.

Bis in die 80er Jahre des letzten Jahrhunderts gab es keine wirklich wirksame Behandlung und die mittlere Lebenserwartung lag bei ca. 4-5 Jahren.

Heute wird mit der modernen Immunotherapie in (häufig) eine normale Lebenserwartung erreicht, auch wenn die Krankheit weiterhin nicht heilbar ist.

Ziel der Behandlung ist es, die Krankheit langfristig zurückzudrängen (Remission), (...).

Da die Krankheit sehr selten ist, gibt es nur wenige Spezialisten, die sehr gut informiert sind.

Im August 2010 wurde eine Empfehlung für die Diagnostik und Therapie der HZL/HZL-V durch die Deutsche Gesellschaft für Hämatologie und Onkologie in Kooperation mit der Österreichischen Gesellschaft für Hämatologie und Onkologie herausgegeben.

Diese Empfehlung entbindet die Verantwortlichen nicht davon, die notwendige Diagnostik, Indikationen, Kontraindikationen und Dosierungen im Einzelfall zu überprüfen.

NEUE ARZNEISTOFFE

Cladribin Leustatin® (Janssen-Cilag)

Cladribin ein hologeniertes Nucleosidanalogon, das (…) zytotoxische Eigenschaften entwickelt. Der Unterschied zum Fludarabin ist, dass die Adeninbase chloriert (…) ist und der Zuckeranteil eine Hydroxygruppe weniger aufweist.

Zugelassen ist (es) zur Therapie (bei) Haarzell-Leukämien.

In einer vierjährigen Langzeit-Beobachtungsstudie erreichten 80 Prozent der ausgewerteten Patienten zunächst eine vollständige Remission, 18 % eine Teilremission.

Innerhalb von 24 Monaten erkrankten allerdings 14 Prozent der Patienten, die eine vollständige Remission erfahren hatten, erneut, so dass eine zweiter Zyklus notwendig wurde.

Die Gesamtüberlebensrate nach vier Jahren lag bei 86 Prozent. (…)

Erwartungsgemäß treten als unerwünschte Wirkungen unter der Therapie Neutropenien und Thrombozytopenien als Zeichen der immunsupprimierenden Nebenwirkung auf.

© 2012 Gowi-Verlag, S.336

LITAK enthält den Wirkstoff **Cladribin**, ein Zytostatikum. Es hemmt das Wachstum bösartig veränderter weißer Blutkörperchen, die bei der Haarzellleukämie eine Rolle spielen.

LITAK darf nicht angewendet werden,
- wenn Sie überempfindlich (allergisch) sind,
- bei Nieren- oder Leberfunktionsstörung,
- wenn Sie gleichzeitig andere Arzneimittel einnehmen, die die Blutzellenproduktion im Knochenmark hemmen

Besondere Vorsicht ist erforderlich, wenn Sie an einer der folgenden Erkrankungen oder Beschwerden leiden oder gelitten haben:
- Erkrankungen der Leber oder Nieren
- Infektionen (grippeähnliche Symptome), Fieber

Vor und während der Behandlung mit LITAK werden Sie regelmäßigen Bluttests unterzogen, um festzustellen, ob es für Sie sicher ist, Ihre Behandlung mit LITAK fortzusetzen.
Ihr Arzt kann möglicherweise die Entscheidung treffen, dass eine Bluttransfusion nötig ist, um Ihr Blutbild zu verbessern. Außerdem wird die Funktionsfähigkeit Ihrer Leber und Ihrer Nieren überprüft.

Bei Anwendung von LITAK mit anderen Arzneimitteln

Bitte informieren Sie Ihren Arzt oder Apotheker, wenn Sie andere Arzneimittel einnehmen bzw. vor kurzem eingenommen haben, auch wenn es sich um nicht verschreibungspflichtige Arzneimittel handelt. Sie dürfen LITAK nicht zusammen mit Arzneimitteln anwenden, die die Blutzellenproduktion im Knochenmark hemmen (KM-Suppression).

Verkehrstüchtigkeit und das Bedienen von Maschinen

LITAK hat großen Einfluss auf die Verkehrstüchtigkeit und die Fähigkeit zum Bedienen von Maschinen.

Wie wird LITAK angewendet?

Wenden Sie LITAK immer genau nach Anweisung des Arztes an. Ihr Arzt berechnet Ihre Dosis entsprechend Ihrem Körpergewicht und erklärt Ihnen den Behandlungsplan im Einzelnen. Die empfohlene tägliche Dosis beträgt 0,14 mg / kg Körpergewicht an fünf aufeinanderfolgenden Tagen (ein Behandlungszyklus).

LITAK muss unter die Haut gespritzt werden (subkutane Injektion), jeden Tag etwa zur gleichen Zeit. Möglicherweise erhalten Sie zusätzlich ein Harnsäurespiegel senkendes Arzneimittel, das den Wirkstoff Allopurinol enthält

Was sind mögliche Nebenwirkungen?

Wie alle Arzneimittel kann LITAK Nebenwirkungen haben, die aber nicht bei jedem auftreten müssen. Sie können mit unterschiedlicher Häufigkeit auftreten

Sehr häufige Nebenwirkungen

- Infektionen / Fieber
- Niedrige Anzahl Neutrophile, Lymphozyten, Thrombozyten
- Niedrige Anzahl von roten Blutkörperchen (Anämie)
- Verminderte Funktionsfähigkeit des Immunsystems
- Kopfschmerzen, Schwindel
- Hautausschlag, Schwellung, Rötung, Jucken und Schwitzen.
- Müdigkeit, Schüttelfrost, verminderter Appetit, Schwäche

Häufige Nebenwirkungen

- Neuerliches Auftreten einer bösartigen Erkrankung
- Nasenbluten oder Hautblutungen
- Schlaflosigkeit, Angst
- Beschleunigter Herzschlag, niedriger Blutdruck
- Entzündung von Mundschleimhaut und Zunge
- Bauchschmerzen durch Gasen im Magen oder Darm

- Juckreiz, juckender Hautausschlag (Urtikaria)
- Rötung der Haut und Hautschmerzen

Gelegentliche Nebenwirkungen

- Anämie infolge einer Zerstörung der roten Blutkörperchen
- Schläfrigkeit, Taubheitsgefühl und Kribbeln der Haut
- Erkrankung der peripheren Nerven
- Verwirrtheit, Koordinationsstörungen
- Augenentzündung
- Venenentzündung
- Starke Gewichtsabnahme

Seltene Nebenwirkungen

- Verminderte Leberfunktion
- Verminderte Nierenfunktion
- Abstoßungsreaktion gegen Bluttransfusionen
- Erhöhte Anzahl von bestimmten weißen Blutkörperchen
- Schlaganfall, Sprech- und Schluckstörungen
- Herzinsuffizienz, Herzrhythmusstörungen
- Darmverschluss

Sehr seltene Nebenwirkungen

- Depression, epileptischer Anfall
- Schwellung des Augenlids
- Blutgerinnsel in der Lunge
- Entzündung der Gallenblase
- Organfunktionsstörungen durch Glykoprotein

Informieren Sie bitte Ihren Arzt, wenn eine der hier aufgeführten Nebenwirkungen Sie erheblich beeinträchtigt oder Sie Nebenwirkungen bemerken, die nicht in dieser Information angegeben sind.

Meine Dokumentierte Patientenaufklärung

■ **Sehr geehrte Patientin, sehr geehrter Patient,**

bei Ihnen liegt eine Tumorerkrankung vor, die mit zellabtötenden Medikamenten (Zytostatika) behandelt werden soll. Der Arzt/Die Ärztin (im Folgenden nur Arzt) wird mit Ihnen über die Notwendigkeit und die Möglichkeiten der Behandlung sprechen. Sie müssen die typischen Risiken, Nebenwirkungen und Folgen kennen, damit Sie sich entscheiden und in die vorgeschlagene Behandlung einwilligen können. Dieses Aufklärungsblatt soll helfen, das Gespräch vorzubereiten und die wichtigsten Punkte zu dokumentieren.

■ **Welche Erkrankung liegt vor?**

In den folgenden Zeilen trägt Ihr Arzt die bei Ihnen festgestellte Tumorerkrankung und ihr Ausbreitungsstadium ein:

[handschriftlich]

(Diagnose der Erkrankung und Ausbreitungsstadium)

■ **Welche medikamentösen Behandlungsmöglichkeiten gibt es?**

Eine **medikamentöse Behandlung** mit zellabtötenden Substanzen (z.B. zytostatische Chemotherapie) ist bei vielen Tumorerkrankungen Teil eines Behandlungsplanes, zu dem z.B. auch Operationen und Bestrahlungen gehören. Falls bei Ihnen eine Operation oder eine Bestrahlung notwendig sein sollte, werden Sie darüber gesondert aufgeklärt.

Zur medikamentösen Behandlung kommen z.B. Hormone, Zytostatika (Chemotherapie), körpereigene Stoffe, die das Immunsystem beeinflussen (z.B. Interferon, Interleukin), Antikörper gegen bestimmte Eigenschaften der Tumorzellen oder Wirkstoffe, die gezielt Stoffwechselwege in entartete Zellen beeinflussen können (sog. Targeted Therapy) zum Einsatz. Die Substanzen verbreiten sich über das Blut im ganzen Körper und sind deshalb auch bei Geschwulsten wirksam, die nicht örtlich begrenzt wachsen.

Die Auswahl der geeigneten Medikamente hängt davon ab, welche Art von Geschwulst genau vorliegt, wie weit die Krankheit fortgeschritten ist und wie empfindlich die Tumorzellen nach allen Erfahrungen auf die einzelnen Substanzen reagieren.

In Ihrem Fall empfiehlt Ihnen Ihr Arzt die **Chemotherapie**, also eine Behandlung mit Zytostatika, die das Zellwachstum hemmen und das Absterben der Zellen herbeiführen können.

■ **Wann wird die Chemotherapie durchgeführt?**

Je nach Art der Tumorerkrankung und Behandlungsziel wird die Chemotherapie unterschiedlich durchgeführt. Sogenannte **solide Tumoren** oder **Systemerkrankungen** werden mit dem Ziel der Heilung des Patienten (kurative Chemotherapie), der Lebensverlängerung oder der Linderung von Beschwerden (palliative Chemotherapie) behandelt. Solide Tumoren sind Krebsknoten, die bei der Untersuchung tast- oder sichtbar sind bzw. bei Bilddarstellungen (z.B. Ultraschall, Röntgen, Computertomographie, Kernspintomographie) entdeckt werden, z.B. Karzinome (ausgehend von einem Drüsengewebe bzw. von Haut oder Schleimhaut) oder Sarkome (ausgehend vom Knochen- oder Weichteilgewebe bzw. von Nerven oder Blutgefäßen). Unter Systemerkrankung versteht man Tumor-Erkrankungen, die sich im ganzen Körper ausbreiten, z.B. Leukämie (ausgehend vom Blut bzw. seiner Produktionsstelle im Knochenmark) oder Morbus Hodgkin oder malignes Lymphom (ausgehend vom Lymphsystem).

Es gibt aber auch Situationen, bei denen ohne sichtbare Tumorknoten eine zytostatische Chemotherapie durchgeführt wird (adjuvante Chemotherapie), z.B. im Anschluss an eine Operation, um einen eventuellen Rückfall der Krebserkrankung zu verhindern oder möglichst weit hinauszuschieben.

Wenn einzelne Tumorknoten vorliegen, für die eine Operation geplant ist, wird manchmal schon vor diesem Eingriff eine Chemotherapie zur Verkleinerung der Tumorknoten eingesetzt (Induktionschemotherapie oder neoadjuvante präoperative Chemotherapie).

Dokumentierte Patientenaufklärung · Herausgeber: proCompliance in Thieme Compliance GmbH · Autor: Prof. Dr. med. H. Sauer · Juristische Betreuung: RA Dr. jur. A. Schwerdtfeger. · © 2009 by Thieme Compliance GmbH, 91058 Erlangen · Nachdruck - auch auszugsweise - und Fotokopieren verboten.
Bestell-Adresse: Thieme Compliance GmbH, Am Weichselgarten 30, 91058 Erlangen, Tel. 09131 93406-40, Fax 93406-70 · www.proCompliance.de

Red. 11/2009
PDF 11/2009
Bestell-Nr.: DE 612-405

■ Wie wirkt die Chemotherapie?

Die Medikamente (Zytostatika) werden aus Pflanzen oder Pilzen gewonnen oder chemisch hergestellt. Sie hemmen die Teilung der Zellen und wirken deshalb besonders auf Gewebe, das schnell und beständig wächst, wie z.B. eine bösartige Geschwulst. Dadurch **kann** das Wachstum der Geschwulst verhindert und **so die Erkrankung unter Kontrolle** gebracht werden. Die **Geschwulst kann** sich durch die Chemotherapie teilweise (**Teilremission**) oder auch ganz zurückbilden (**Vollremission**). Je nach Erkrankung und Ausbreitungsstadium besteht auch die Möglichkeit einer Heilung.

Für die Chemotherapie gibt es eine ganze Reihe von Medikamenten, die sich in ihrer Wirkungsweise und auch in der Darreichungsform (Tabletten, Kapseln, Spritzen, Infusionen, manchmal auch Salben oder Einreibungen) unterscheiden. Meist werden mehrere Medikamente gleichzeitig oder nacheinander angewandt, um einen möglichst großen Effekt zu erzielen. Die Behandlung folgt dabei einem individuellen Plan (**Chemotherapieschema**), der für jeden Patienten speziell erstellt wird. Er legt fest, welche Medikamente in welcher Dosierung für wie lange verabreicht werden. Dieses Behandlungsschema wird dann nach einiger Zeit wiederholt (**Chemotherapiekurs**).

Es kann sein, dass Patienten mit der gleichen oder einer sehr ähnlichen Erkrankung mit verschiedenen Medikamenten behandelt werden. Das Chemotherapieschema wird nicht nur anhand der Diagnose, sondern abhängig von den jeweiligen Besonderheiten des Patienten festgelegt.

Fragen Sie Ihren Arzt immer, ob ein bestimmtes Behandlungsschema innerhalb einer „klinischen Studie" durchgeführt wird. Hierbei wird versucht, durch verschiedene Änderungen in den Plänen die beste Behandlungsmöglichkeit herauszufinden. Falls dies bei Ihnen der Fall sein sollte, muss Ihnen Ihr Arzt ein gesondertes Aufklärungsschreiben vorlegen.

Während der Behandlung wird durch regelmäßige Untersuchungen überprüft, ob die Medikamente wirken und wie sie vertragen werden. Wenn nicht die gewünschte Wirkung eintritt oder die Nebenwirkungen zu stark sind, wird das Chemotherapieschema geändert - also andere Medikamente, eine andere Dosierung oder ein anderer Zeitplan - oder die Chemotherapie wird abgebrochen.

Ihr **Chemotherapieschema** sieht folgendermaßen aus:

Medikament	Dosierung	Darreichungsform
2,da k	0,14 mg/kg	s.c.
	1-5	Tage

Das Schema wird voraussichtlich nach 5/ Wochen wiederholt.

Die Zeitabstände zwischen den Behandlungen sind Vorgaben aus den Behandlungsplänen, die bei den einzelnen Patienten nicht immer genau eingehalten werden können. In Abhängigkeit von der Verträglichkeit sowie den Ergebnissen von Blutuntersuchungen und Untersuchungen anderer Organe wie z.B. Niere, Lunge, Herz können die Abstände zwischen den Behandlungen kürzer oder länger sein. Wie oft das Chemotherapieschema wiederholt wird, ist im Voraus nicht genau festzulegen. Meist werden zunächst 2 bis 4 Schemata durchgeführt. Je nach Effekt und Verträglichkeit wird dann besprochen, ob diese Chemotherapie weitergeführt wird, ob sie beendet werden kann oder ob auf einen anderen Plan umgestellt werden soll.

Über weitere Einzelheiten oder notwendige Änderungen des Schemas werden Sie von Ihrem Arzt informiert.

Für viele Chemotherapiepläne sind Zugänge zum Blutgefäßsystem erforderlich. Dazu werden meist Blutgefäße benutzt, die unter hohem Druck stehen und nicht pulsieren (Venen). In selteneren Fällen wird auch ein pulsierendes Gefäß (Arterie) als Zugang gewählt. Welches Vorgehen bei Ihnen erforderlich ist, wird Ihr Arzt mit Ihnen besprechen. Da die Nadel zur Gabe von Zytostatika längere Zeit im Blutgefäß verbleiben muss, ist in jedem Fall ein Verrutschen der Nadel und dadurch eine Verletzung des Blutgefäßes (**Durchbruch=Perforation**) mit Austritt des Medikamentes in das umgebende Gewebe sicher zu vermeiden, z.B. durch schonende Bewegung des Armes oder der Hand, durch Achtung auf den richtigen Sitz des Verbandes oder der Klebevorrichtung. Wenn Zytostatika neben dem Blutgefäß ins Gewebe laufen, kann es zu schweren Hautschäden mit nachfolgendem Absterben des Gewebes (**Gewebsnekrose**), störender Narbenbildung oder Minderdurchblutung des Unterarmes kommen.

■ Welche Nebenwirkungen gibt es?

Die Medikamente für die Chemotherapie sind hochwirksam und wirken auf alle Zellen, die sich rasch vermehren. Dies trifft nicht nur auf die Geschwulstzellen zu, sondern auch auf gesunde Gewebszellen des Körpers (z.B. blutbildende Zellen im Knochenmark, Zellen der Schleimhäute oder in Haarwurzeln). Dadurch kommt es zu Nebenwirkungen, die auch **schwer** bis **lebensbedrohlich** sein können.

Sie selbst können erheblich dazu beitragen, Nebenwirkungen frühzeitig zu erkennen, indem Sie die Reaktion Ihres Körpers beobachten und den Arzt darüber berichten. Die meisten Nebenwirkungen können durch Begleitmedikamente gelindert oder unterbunden werden.

Folgende Gewebe sind meist betroffen:

- **Knochenmark**
  Im Allgemeinen verringert sich die Anzahl weißer Blutkörperchen. Bei sehr starkem Abfall kann es zu einer gesteigerten **Infektionsanfälligkeit** kommen. Es kann dann notwendig werden, für einige Zeit besondere Vorsichtsmaßnahmen zu ergreifen und in kurzen Abständen Kontrolluntersuchungen durchzuführen. Manchmal ist die vorübergehende Unterbringung in einem Einzelzimmer und die Gabe von bakterien-, pilz- oder virenabwehrenden Medikamenten (Antibiotika, Antimykotika, Virostatika) notwendig.

  Auch die Anzahl der Blutplättchen sinkt häufig ab. Wenn diese Reaktion stark ist, kann dadurch eine **Störung der Blutgerinnung** (z.B. bei Verletzungen) oder eine **erhöhte Blutungsneigung** verursacht werden (erkennbar z.B. an Blutpunkten auf der Haut, Nasenbluten, Schleimhautblutungen oder Sehstörungen).

Bei längerer und intensiver Chemotherapie können sich auch die Werte der roten Blutkörperchen und des Blutfarbstoffes verschlechtern.

Regelmäßige Kontrollen des Blutbildes sind deshalb unbedingt erforderlich. Unter Umständen wird die Übertragung von Fremdblut oder Fremdblutbestandteilen notwendig. Damit verbundene Risiken sind u.a. **Infektionen**, z.B. sehr selten mit Hepatitis-Viren (Leberentzündung), extrem selten mit HIV (Folge: AIDS) u./o. anderen Erregern (z.B. BSE, Variante der Creutzfeldt-Jakob-Erkrankung) sowie derzeit unbekannten Erregern. **Schwere Infektionen** oder **schwere Blutungen** können in sehr seltenen Fällen auch **tödlich** verlaufen. Wenn die Zahl bestimmter Abwehrzellen im Blut durch die Chemotherapie stark absinkt, kann das Infektionsrisiko durch die Gabe von Wachstumsfaktoren für weiße Blutkörperchen deutlich vermindert werden. Bei Bedarf können auch Blutplättchen durch entsprechende Transfusionen ergänzt werden.

Impfungen gegen Infektionskrankheiten führen während der Chemotherapie wegen der Unterdrückung des Immunsystems häufig nicht zum gewünschten Erfolg, gleichzeitig besteht ein erhöhtes Risiko für Nebenwirkungen. Deshalb sollten während der Chemotherapie und auch noch einige Wochen danach keine Impfungen durchgeführt werden.

Verdauungstrakt

Früher führte die Behandlung mit Zytostatika oft zu Appetitlosigkeit und Übelkeit bis hin zu Erbrechen. Heutzutage lässt sich durch Begleitmedikamente vielfach eine Linderung oder sogar das Ausbleiben dieser Nebenwirkungen erreichen.

Es können **Darmträgheit** ggf. mit der Folge einer späteren Darmlähmung oder eines Darmverschlusses, **Durchfälle**, ebenso **Entzündungen im Mundbereich** auftreten. Das Ausmaß dieser Störungen hängt vom jeweiligen Medikament ab.

Haare, Haut

Im Allgemeinen führt die Chemotherapie zu **Haarausfall** (insbesondere Kopfhaare, seltener Augenbrauen, Wimpern, Barthaare, Schamhaare), der je nach Medikament unauffällig oder vollständig sein kann. Nachdem die Medikamente abgesetzt werden, wachsen die Haare wieder nach.

Falls notwendig, kann Ihnen Ihr Arzt eine Perücke verschreiben. Es ist empfehlenswert, sich schon vor Beginn der Therapie beim Friseur beraten zu lassen, um die Perücke an die noch vorhandenen eigenen Haare anzupassen. Bei einigen Zytostatika kommt es auch zu Wachstumsstörungen oder Farbveränderungen an den Finger- bzw. Zehennägeln und es können entzündliche Reaktionen mit Hautrötungen, Blasenbildungen und Hautabstoßungen (sog. Hand-Fuß-Syndrom) auftreten. An der Haut sind insbesondere die Zeichen der Blutungsneigung (Blutpunkte) und der von allergischen Reaktionen (z.B. Rötung, Hautausschlag) zu beachten.

Keimdrüsen

Durch die Chemotherapie lässt vorübergehend das **sexuelle Verlangen** (Libido) nach.

Bei **Männern** kommt es meist auch zu einer **Störung in der Samenbildung**. Dadurch ist die **Zeugungsfähigkeit** - je nach Medikament meist befristet, u.U. aber auch dauerhaft - **vermindert/ausgeschlossen**. Dies hat jedoch keine Impotenz (Verlust der Gliedsteife) zur Folge. Bei Kinderwunsch besteht im Einzelfall die Möglichkeit, vor Beginn einer zytostatischen Chemotherapie Proben des eigenen Samens einfrieren zu lassen. Die Kosten dafür werden jedoch meist nicht von den Krankenkassen übernommen. Informieren Sie sich also vorher über evtl. anfallende finanzielle Belastungen. Falls die Samenproduktion nach Ende der Behandlung nicht normal wiederkehrt, können die eingefrorenen Samenproben zur künstlichen Befruchtung verwendet werden. Während einer Chemotherapie sollen keine Kinder gezeugt werden.

Bei **Frauen** treten **Unregelmäßigkeiten in der Regelblutung** auf, teilweise bleibt die Blutung während der Behandlung auch völlig aus. U.U. kommt es zu einem **vorzeitigen Beginn der Wechseljahre** (v. a. bei Frauen über 40 Jahren), die Regelblutung setzt dann auch nach Abschluss der Therapie nicht wieder ein. Falls während der Behandlung **Wechseljahresbeschwerden** (wie z.B. Hitzewallungen, Schweißausbrüche) auftreten, sollten Sie Ihren Arzt informieren; er kann Ihnen Medikamente geben, die Abhilfe schaffen. Während einer Chemotherapie soll keine Schwangerschaft eintreten. Um bei jungen Frauen mit Kinderwunsch, die Funktion der Eierstöcke zu schützen, können die Eierstöcke für die Zeit der Chemotherapie mit geeigneten Medikamenten (z.B. GnRH-Analoga) ruhig gestellt werden. Es besteht auch die Möglichkeit vor Beginn Eizellen aus den Eierstöcken der Frau zu gewinnen, die eingefroren aufbewahrt und für eine spätere Befruchtung verwendet werden können. Falls Sie dies wünschen, sollten Sie sich von einem auf diesem Gebiet spezialisierten Frauenarzt beraten lassen.

Wird bei einer Krebserkrankung der Brustdrüse, der Gebärmutter oder beim Mann der Vorsteherdrüse (Prostata) eine gleichzeitige oder spätere Hormonbehandlung geplant, sollte immer vorher der Rat des Krebsspezialisten eingeholt werden.

- **Nervensystem**

Es kann zu **Kribbeln** und/oder einem **Pelzigkeitsgefühl** vor allem in den Händen und Füßen kommen. Ebenso kann eine **Abschwächung der Muskelkraft** auftreten. Sehr selten kommt es zudem zur **Lähmung von Muskelnerven** und extrem selten auch zur **Lähmung von Gesichts- oder Augennerven**. Pelzigkeit und Nervenlähmungen bilden sich nach Ende der Therapie oft zurück. Dies kann u.U. einige Monate dauern. Selten bleiben auch Missempfindungen und Nervenlähmungen länger, im Extremfall für immer bestehen.

Manche Zytostatika führen auch zu **Geschmacksstörungen, Kälteempfindlichkeit** oder **Muskelkrämpfen**. Durch eine Nervenfunktionsstörung kann es kurze Zeit zu **Darmträgheit** kommen, die gegebenenfalls behandelt werden muss.

Vorübergehend treten gelegentlich **psychische Verstimmungen** auf.

- **Schädigung anderer Körperbereiche**

Nur sehr selten treten Nebenwirkungen in anderen als den oben genannten Körperbereichen (z.B. an Lungen, Herz, Nieren, Leber) auf. Jedoch kann das Risiko für solche Schäden an lebenswichtigen Organen unterschiedlich sein, je nach individuellen Gegebenheiten beim jeweiligen Patienten und dem/n verwendeten Medikament/en. Schwere Organschäden können weitere Behandlungsmaßnahmen nach sich ziehen und im Einzelfall auch tödlich verlaufen. Das Risiko ist u.a. abhängig von der Dosierung der Medikamente, der behandelten Erkrankung sowie von Vor- und Begleiterkrankungen und zusätzlichen Behandlungsmaßnahmen wie z.B. einer Strahlenbehandlung. Um die Entwicklung von Nebenwirkungen an folgenden Organen möglichst früh zu entdecken, sind vor Beginn und während der Chemotherapie regelmäßige Tests zu ihrer Funktion sowie die dazugehörigen Blutuntersuchungen notwendig.

Falls bei Ihnen ein derartiges Risiko besteht, wird der Arzt den entsprechenden Körperbereich unten ankreuzen und die möglichen Nebenwirkungen näher erläutern:

❏ Lunge: _____

❏ Herz: _____

❏ Haut: _____

☒ Nieren: _____

❏ Leber: _____

Sonstige Nebenwirkungen:
_____

- Bestimmte Zytostatika können bei längerer Anwendung das Risiko erhöhen, dass sich nach Jahren oder Jahrzehnten erneut eine bösartige Erkrankung bildet (z.B. Leukämie). Dies trifft vor allem dann zu, wenn zusätzlich eine Strahlenbehandlung durchgeführt wurde.
- An Injektionsstellen (in der Gegend der Infusionsnadeln) können Rötungen, Schmerzen und Schwellungen auftreten. Weitere Folgen können oft nur langsam heilende Wunden in der Haut oder in tiefer liegenden Geweben sein, die manchmal zur Korrektur eine größere Operation erforderlich machen.
- Während der Zeit der Chemotherapie kann die Leistungsfähigkeit eingeschränkt sein und es kann zu vermehrter Müdigkeit kommen (sog. Fatigue-Syndrom). Insbesondere an den Therapietagen, an denen oft Begleitmedikamente gegeben werden (z.B. gegen Übelkeit), dürfen die Patienten selbst nicht Auto fahren.

In ganz seltenen Fällen können auch bisher unbekannte und damit unvorhersehbare Nebenwirkungen auftreten.

Fortschritte in der Anwendung dieser Therapieform haben dazu beigetragen, dass immer mehr Patienten von ihrer Tumorerkrankung geheilt werden können.

Nach Abschluss der Chemotherapie ist es notwendig, dass Sie regelmäßig zu Kontrolluntersuchungen kommen, damit spät auftretende Nebenwirkungen oder ein Rückfall (Rezidiv) rechtzeitig erkannt werden und geeignete Maßnahmen ergriffen werden können.

Sehr geehrter Herr Kollege,

die Untersuchung Ihres mir freundlicherweise überwiesenen Patienten ergab folgenden Befund:

Klinik / rechtfertigende Indikation:
Verdacht auf Splenomegalie

Sonographie des Abdomens vom 29.12.2011

Befund:
Die Harnblase ist wenig gefüllt. Die Prostata ist mit 52 mm grenzwertig groß. Homogene Darstellung der Leber ohne Hinweis für fokale Läsionen. Keine intra- oder extrahepatische Cholestase. Die Gallenblase ist zartwandig. Die Milz ist mit 19 cm deutlich vergrößert. Die Nieren sind in ihrer Form und Lage unauffällig, regelrechte Echogenität. Keine Harntransportstörung. Paraaortal keine Auffälligkeiten. Das Pankreas ist partiell fettig involutiert.

Beurteilung:
Bekannte Prostatahypertrophie. Splenomegalie, ansonsten unauffällige Sonographie des Abdomens.

---

die Untersuchung Ihres mir freundlicherweise überwiesenen Patienten ergab folgenden Befund:

Die rechtfertigende Indikation wurde vom Unterzeichner festgestellt.

Abdomensonographie vom 21.06.2012

Klinik:
Zustand nach Haarzell-Leukämie und Chemotherapie, Splenomegalie und abdominelle Lymphknoten, Verlaufskontrolle

Befund:
Es liegt ein Vorbefund vom 29.12.2011 zum Vergleich vor.
Adipositas und Meteorismus.
Glatt begrenzte, homogen regelrecht echogen strukturierte Leber von normaler Größe ohne fokale Läsionen. Die Milz ist mit einer 125 x 75 mm jetzt grenzwertig groß. Zartwandige, flüssigkeitsgefüllte Gallenblase ohne pathologische Binnenechos. Luftüberlagertes Pankreas. Orthotop liegende, normal große, regelrecht atemverschiebliche Nieren mit normalen Hohlraum-Parenchym-Verhältnissen ohne Aufstau. Aorta und Vena cava unauffällig, paravasal keine vergrößerten LK abgrenzbar Mit 53 x 60 x 55 mm deutlich vergrößerte Prostata.

Beurteilung:
Deutliche Regredienz der Milzgröße.
Prostatahyperplasie.
Keine vergrößerten Lymphknoten paraaortal und parailiakal nachweisbar.

Nachtrag...

Nachtrag 1 (10.07.2012)

Bei meinen Recherchen im Internet bin ich auf die für uns Laien durchaus interessante Leitlinie 'Haarzell-Leukämie' gestoßen: *Empfehlungen der Fachgesellschaft für Diagnostik und Therapie hämatologischer und onkologischer Erkrankungen.*

Herausgeber:

DGHO
Deutsche Gesellschaft für Hämatologie und Onkologie e.V.
Alexanderplatz 1
10178 BERLIN   - GV: Prof.Dr. Gerhard Ehninger
info @dgho.de - www.dgho.de
QUELLE: www.dgho-onkopedia.de

In diesem Zusammenhang sei ebenso empfohlen:

Vortrag Prof. Wörmann am 28.05.2011

»Blutwerte bestimmen unser Leben.»

Nachtrag 2 (23.07.2012)

Mit großer Dankbarkeit verweise ich auf das Buch von **Kurt Langbein :**

»Radieschen von oben – Über Leben mit Krebs»

© 2012 Ecowin Verlag, Salzburg
ISBN 978-3-7110-0024-8

Ich erlaube mir zum guten Schluß, drei Abschnitte dieses Buches, das mein Gesamtverständnis stark geprägt hat, in großen Teilen zu zitieren:

»Ich hasse Krebs« (Seite 25, *ff*)

Welch wuchtige Ängste das Wort Krebs auslösen kann, ist mir vertraut. Es sind erst auf den zweiten Blick wirklich begreifbare Ängste. Denn an Krebs sterben nach wie vor weniger Menschen als an Erkrankungen von Herz und Kreislauf, und viele leben recht lange mit der so hoffnungslos wirkenden Diagnose. Auch die meisten anderen Krankheiten, die häufig zum Tode führen, sind bis heute kaum heilbar.

Aber Krebs hat etwas beängstigendes: Bei keiner anderen Krankheit vernichtet ein Teil des Körpers -jene verrückt gewordenen Zellen- den anderen so systematisch und planvoll. Dies ist nur noch bei seltenen Autoimmunerkrankungen der fall, bei denen das körpereigene Abwehrsystem Organe angreift und zerstört.

Krebszellen sind unsterblich – wie die Stammzellen, die nach einem unendlich komplexen Bauplan alle unsere Körperzellen kreieren und nachbauen. Doch Krebszellen bauen nur sich selbst nach, sie schaffen ständig Klone ihrer selbst, die im Körper keine Funktion haben.

Im Gegenteil, sie verbrauchen dessen Energie und beanspruchen Platz, wo keiner ist. Sie überlisten das Immunsystem des Körpers durch vielerlei Maskerade. Sie zwingen den gesunden Organismus (...), sie mit eigenen, von der Natur eigentlich nicht vorgesehenen Blutgefäßen zu versorgen, (...).

Doch damit geben sie sich nicht zufrieden – erst einmal stattlich etabliert, schicken sie einzelne Zellen (...) durch die Lymphbahnen zu anderen Organen, um sich dort breitzumachen. Es ist letztlich die Masse an Zellen mit ihrem Energieverbrauch, welche den Ursprungsorganismus durch Auszehrung tötet oder lebenswichtige Funktionen durch ihren Druck zum Stillstand bringt.

Ein Exzess des Lebens, der das Leben vernichtet.

Was die Tatsache bedeutet, dass Krebszellen unsterblich sind, wurde mir bei der journalistischen Beschäftigung mit der Krebsforschung deutlich:

Die »HeLa« genannte Zelllinie, die in (...) allen medizinischen Labors der Welt milliardenfach Verwendung findet, stammt von einer einzigen Frau, die bereits seit mehr als 50 Jahren tot ist: Henriette Lacks, ihre Initialen wurden zum Namen der unsterblichen Zellen.

Solange HeLa-Zellen Kontakt zu Nährlösungen haben und weder Frost noch extremer Hitze ausgesetzt sind, vermehren sie sich unentwegt weiter. (...)

Das Verständnis gegenüber den rätselhaften und unheimlichen Wucherungen hatte sich über viele Jahrhunderte nur wenig verändert. Hippokrates und seine Schüler hatten die Tumoren »Karkinos«, Krebs, genannt, weil sie sich wie Krabben aus hellem, schlecht durchblutetem Gewebe ins Fleisch eingruben. Man versuchte, sie wegzuschneiden (...), später mit radioaktiven Strahlen oder Chemie abzutöten – sehr oft ohne (nachhaltigen) Erfolg.

Die Genforschung (bietet) nun eine Chance, zu verstehen, warum Zellen so entarten, dass sie sich unkontrolliert vermehren, und warum das Immunsystem ab einem bestimmten Punkt dagegen nichts mehr ausrichten kann.

»Wir alle haben Krebs« (Seite 29, *ff*)

(...), jeder Mensch 'erleidet' (unbemerkt) täglich mehr als 10.000 'Krebse'. Manche Forscher schätzen die Zahl der »Neuerkrankungen« sogar auf täglich gut 100.000.

Und das ist zunächst einmal ein (erfreuliches) Zeichen der Vitalität. Unser Organismus erneuert sich nach einem gigantischen Plan ständig. Die zellen unserer Haut sind heute andere als vor sechs Wochen, aber auch die Zellen aller anderen Organe versehen nur eine bestimmte (...) Zeit ihren Dienst.

Seit einiger Zeit wissen wir: (...) im Gehirn, dessen Zellen lange Zeit als fix und nicht erneuerbar galt, entstehen bis ins hohe Alter ständig neue Nervenverbindungen durch die Teilung von Neuronen.

Wenn sich eine Körperzelle teilt, wird ihr Erbgut, die DNA, verdoppelt. Die Endstücke der Chromosomen (Telomere) enthalten selbst keine Erbinformationen und dienen (...) dazu, dass ein bestimmtes Enzym andocken kann, um das Erbmaterial bei der Zellteilung zu verdoppeln.

Bei jeder Zellteilung verkürzen sich die Telomere (…) ein kleines Stück. Nach etwa fünfzig Teilungen (…)(sind bei den) meisten Zellarten die Telomere verbraucht, die Zelle ist nicht mehr teilungsfähig.(…)

Apoptose nennen Biologen den natürlich vorprogrammierten Zelltod, der sich täglich (…) 50 Milliarden Mal im Körper eines Menschen ereignet: Die Zelle wird glasig, schrumpft und löst sich (…) auf. Sie wird von (…),jüngeren Zellen ersetzt.

Dieser Tod ist überlebenswichtig.

Weil nicht jede Zellteilung genau nach Plan verläuft, schleichen sich beim Kopieren der DNA (…) mehr oder weniger große Fehler ein. Ohne das Absterben der Zellen würden sich (…) Erbgutschäden häufen und zu unerwünschten Folgen wie Zellwucherungen oder Funktionsstörungen in den Organen führen.

Eine davon kennen wir unter dem Sammelbegriff 'Krebs'. UV-Strahlung, Radioaktivität, Belastung durch Freie Radikale oder einfache Kopierfehler führen dazu, dass (…) eine von 10.000 Zellteilungen eine besondere Zelle hervorbringt, die genetisch so verändert ist, dass sie sich unentwegt teilt.

Und noch wesentlicher:

Das Zelltodprogramm ist bei ihr abgeschaltet.

»Gegenspieler Immunsystem« (Seite 31, *ff*)

Das Immunsystem des Menschen hat (...) gelernt, mit allerlei Attacken fertig zu werden.

Schädliche Bakterien und Viren müssen erkannt und entfernt werden. Aber auch körpereigene Zellen werden von den sogenannten Makrophagen gefressen (...), wenn sie nicht mehr so funtionieren, wie sie sollen.

Die Komplexität der körpereigenen Abwehr stellte moderne Großrechner in den Schatten, die Raffinesse und Präzision ließe jeden Geheimdienstchef, die komplexe Kooperation jeden Wirtschaftstheoretiker vor Neid erblassen:

Um den menschlichen Körper vor ungebetenen Gästen zu schützen, bietet das Immunsystem eine Milliardenschaft von Abwehrzellen auf, von den eine einzelne oft nicht größer ist als eine Tausendstel Millimeter. Sie sind für mehr als 100.000 verschiedene Aufgaben ausgebildet und kooperieren derart ausgeklügelt miteinander, dass Tausende aggressiver Bakterien, Viren und andere Kleinlebewesen einem gesunden, wohlgenährten Körper kaum langfristig schaden können – und dass die vielen kleinen Baufehler, die sich (...) bei Zellteilungen im Körper ereignen, dem Organismus nicht schaden.

Die Ausbildungszentrale befindet sich im Rückenmark, wo die Abkömmlinge der Knochenmarks-Stammzellen zu Immunzellen ausgebildet werden. Während die einen im Knochenmark bleiben und ihre Spezialisierung zu (...) B-Zellen erfahren, wandern die anderen in die Thymusdrüse ab, wo sie sich zu unterschiedlichen T-Zellen ausdifferenzieren. Die B-Lymphozyten sind zunächst 'naiv'/ inaktiv, aber sie können die Fremdlinge oder gestörten Zellen erkennen, (...) die T-Zellen wiederum produzieren daraufhin Zellgifte und töten die Angreifer.

Die Lymphozyten verlassen erst als hochspezialisierte Mitarbeiter die Schulungszentren und treten in die Blutbahn ein, von wo aus sie sich über das Netzwerk haarfeiner Lymphgefäße verteilen. Auf ihren (...) Streifzügen durch den Organismus stehen den Schwadronen weitere Miliarden an Helfern zur Seite. - Während sich Fresszellen bevorzugt um Eindringlinge im Blut und (in den) Lungenbläschen kümmern, legen sich im Darm die Antikörper und in den Mandeln Lymphozyten auf die Lauer.

Was den Forschern lange (Zeit) Rätsel aufgab:

All die Schritte sind offenbar penibel aufeinander abgestimmt und koordiniert, von den T-Zellen überwacht und von einer Unzahl weiterer molekularer Gehilfen unterstützt - aber wer dirigiert dieses Mega-Orchester, und wie?

So eilen bestimmte Enzyme etwa den Antikörpern zu Hilfe, die ein Bakterium in Beschlag genommen haben, (indem) sie die äußere Membran der Mikrobe in tödlicher Weise zerstören. Granulozyten (...) betätigen sich als Reinigungskräfte, indem sie Infektionsherde säubern, (...) Keime und abgestorbene Zellen verschlingen.

Hormone eilen als Botenstoffe zwischen den einzelnen Schauplätzen umher und halten die Verbindung zum Gehirn aufrecht.

Nach einem Einsatz sammeln sich die Immunzellen als gelbe Flüssigkeit in Milz, Thymusdrüse und den im ganzen Körper verteilten Lymphknoten. (Sie) werden dort gefiltert und stehen schließlich bereit für neue Aufgaben.

Das in Jahrmillionen ausdifferenzierte System wird mit allen Angreifern fertig, die es identifizieren kann, also »kennt«.

(In dieser Weise) werden von einem gesunden Immunsystem täglich (...) zu unbegrenztem Wachstum mutierte Zellen in allen Körperteilen erkannt und unschädlich gemacht!

Wenn (...) das Immunsystem (aber) Schwächen hat, gelingt es einigen Krebszellen, sich (unerkannt) zu vermehren.

Solche kleinen Zellhaufen, (...), sind genetisch wesentlich instabiler als gesunde Zellen. Weitere Mutationen führen dann zu einer Art diabolischer Schläue der kleinen Zellhäufchen irgendwo im Körper.

Auch ein gesundes Immunsystem kann nun in die Irre geführt werden, indem sich die Krebszellen sozusagen eine 'Tarnkappe' aufsetzen.

Als (jetzt) körpereigene Zellen sind sie für das (...) System nicht mehr erkennbar. Sie täuschen die Körperabwehr und zwingen Teile davon, für ihre Sache,(...), zu arbeiten. Sie zwingen die Blutgefäße, dorthin zu wachsen, wo eigentlich kein Wachstum vorgesehen ist und sie damit zu ernähren - aus den Zellhäufchen werden allmählich Klumpen.

Aber auch die Lernfähigkeit des Immunsystems ist offenbar enorm: Ein Teil der Zellen muss (...) die Informationen speichern und damit als Gedächtniszellen agieren; sie speichern Millionen von Merkmalen eines Feindes, den sie einmal erfolgreich attackiert haben. Sobald ein Bestandteil solch feindlicher Zellen, ein Antigen, im Organismus wieder auftaucht, werden die Immunzellen den Feind neuerlich bekämpfen.

Erst nach und nach verstehen die Mediziner das Wunderwerk Immunsystem. Doch jede der mit den Mitteln der Gentechnologie nun rasant fortschreitenden Entdeckungen (in der Genforschung) öffnete (bisher) eine weitere Tür, hinter der sich wiederum ein komplexes System verbirgt.

In der Pionierzeit der Immunologie (...) beobachtete 1882 der Russe Elie Metchnikoff erstmals unter dem Mikroskop, wie ein großes weißes Blutkörperchen (...) ein Bakterium (...) auffraß.

Er taufte das gnadenlose Blutkörperchen (...) »Fresszelle«.

Motiviert durch diese Entdeckung fahndeten die Wissenschaftler nach weiteren 'Gesundheitspolizisten' des Organismus.

1890 wurden die Bemühungen des (...) Emil von Behring

in Berlin belohnt, als er auf die 'Antikörper' stieß.

Diese großen Eiweißmoleküle dienen den B-Zellen als Andockstelle, »Rezeptor« genannt. Sobald ein Fremdling auf einen dafür spezialisierten Rezeptor trifft, wird die B-Zelle alarmiert. Sie teilt sich und macht (...) eine erstaunliche Wandlung durch.

Zunächst klein und kompakt, plustern sich die Klone (...) auf, füllen sich mit Plasma, errichten ein feines inneres Kanalsystem zum Abtransport von Molekülen, produzieren 'im Akkord' mehr als zehn Millionen Antikörper pro Stunde und pumpen diese in das Gewebe, wo sie Fremdlinge daran hindern sollen, in eine Zelle zu schlüpfen, um sich dort zu vermehren.

www.tredition.de

Über tredition

Der **tredition** Verlag wurde 2006 in Hamburg gegründet. Seitdem hat tredition Hunderte von Büchern veröffentlicht. Autoren können in wenigen leichten Schritten print-Books, e-Books und audio-Books publizieren.

Der Verlag hat das Ziel, die beste und fairste Veröffentlichungsmöglichkeit für Autoren zu bieten.

tredition wurde mit der Erkenntnis gegründet, dass nur etwa jedes 200. bei Verlagen eingereichte Manuskript veröffentlicht wird. Dabei hat jedes Buch seinen Markt, also seine Leser. tredition sorgt dafür, dass für jedes Buch die Leserschaft auch erreicht wird

Autoren können das einzigartige Literatur-Netzwerk von **tredition** nutzen. Hier bieten zahlreiche Literatur-Partner (das sind Lektoren, Übersetzer, Hörbuchsprecher und Illustratoren) ihre Dienstleistung an, um Manuskripte zu verbessern oder die Vielfalt zu erhöhen.

Autoren vereinbaren unabhängig von tredition mit Literatur-Partnern die Konditionen ihrer Zusammenarbeit und können gemeinsam am Erfolg des Buches partizipieren.

Das gesamte Verlagsprogramm von tredition ist bei allen stationären Buchhandlungen und Online-Buchhändlern wie z. B. Amazon erhältlich.

e-Books stehen bei den führenden Online-Portalen (z.B. iBookstore von Apple) zum Verkauf.

Seit 2009 bietet tredition sein Verlagskonzept auch als sogenanntes »White-Label« an. Das bedeutet, dass andere Personen oder Institutionen risikofrei und unkompliziert selbst zum Herausgeber von Büchern und Buchreihen unter eigener Marke werden können.

Mittlerweile zählen zahlreiche renommierte Unternehmen, Zeitschriften-, Zeitungs- und Buchverlage, Universitäten, Forschungseinrichtungen, Unternehmensberatungen zu den Kunden von tredition.

Unter **www.tredition-corporate.de** bietet tredition vielfältige weitere Verlagsleistungen speziell für Geschäftskunden an.

tredition wurde mit mehreren Innovationspreisen ausgezeichnet, u. a.Webfuture Award und Innovationspreis der Buch-Digitale.

tredition ist Mitglied im Börsenverein des Deutschen Buchhandels.